Maurice Anker

Matthias Brefin (Hrsg.)

Auf dem Vulkan

Maurice Anker

Matthias Brefin (Herausgeber und Übersetzer)

AUF DEM VULKAN

Roman

Verlag Johannes Petri

Mit freundlicher Unterstützung von Christoph Blocher und
Jeanne und Hanspeter Lüdin-Geiger

© 2017 Schwabe AG, Verlag Johannes Petri, Basel
Alle Rechte vorbehalten.
Umschlaggestaltung: Paul Trif
Umschlagbild: Das Eismeer, Caspar David Friedrich, 1774–1840,
Öl auf Leinwand, Hamburger Kunsthalle
Gesetzt aus: Bembo Std
Lektorat: Satu Binggeli
Korrektorat: Clea Stampfli
Printed in Switzerland
ISBN 978-3-03784-129-7

www.verlag-johannes-petri.ch

Inhaltsverzeichnis

Einleitung

Maurice Anker war der dritte Sohn des bekannten Schweizer Malers Albert Anker. Über seine drei Schwestern ist vieles bekannt, der Vater hat sie auch

Albert Anker: Maurice Anker mit Huhn. 1877, Öl auf Leinwand, Privatbesitz.

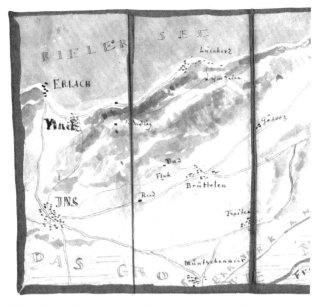

Albert Anker: Von Ins nach Oberburg. Datum unbekannt, Tinte und Aquarell auf Papier auf Leinwand, Albert Anker-Haus, Ins.

oft gemalt. Beide Brüder von Maurice sind noch im Kleinkinderalter gestorben. Das Bild *Maurice mit Huhn* zeigt ihn selbst im Alter von vier Jahren. In der Familie wurde er später jedoch kaum erwähnt. Da er die Erwartungen seiner Eltern nach einer guten Ausbildung, einem Studium und einem der bürgerlichen Welt entsprechenden Beruf nicht erfüllen konnte und wollte, wurde er fast schon als ein schwarzes Schaf angesehen. Erst spät entdeckten wir als direkte Nachfahren im Albert Anker-Haus in Ins Briefe, Karten, Fotos und Gegenstände, welche das bewegte und abenteuerliche Leben von Maurice belegen.

Albert Anker: Zeichnender Knabe. 1890, Öl auf Leinwand, Sammlung Christoph Blocher.

Geboren wurde er am 6. August 1874 in Ins als fünftes Kind von Albert und Anna Anker-Rüefli. Als er ins Schulalter kam, wollten die Eltern ihn nicht wie seine beiden Schwestern für die Winterzeit nach Paris mitnehmen. Vermutlich geschah dies aus der Befürchtung heraus, er könnte in der Weltstadt mit ihren Versuchungen ‹moderne› Anschauungen kennenlernen und auf die schiefe Bahn geraten. Deshalb schickten sie ihn stattdessen in ein Internat nach Oberburg. Den Weg dorthin musste er zu Fuss anhand einer Wegkarte zurücklegen, welche ihm sein Vater gemalt und auf Leinwand aufgezogen hatte. Sein Heimweh plagte ihn derart, dass er wenige Tage später auf dem gleichen Weg wieder nach Hause zurückmarschierte. Doch die Eltern schickten ihn erneut nach Oberburg.

Bald schon entwickelte er sich zu einem grossen, kräftigen Naturburschen. Am liebsten streifte er

Einblick in das Zimmer von Maurice im Albert Anker-Haus, Ins.
Foto: Matthias Brefin, 2016.

durch die Natur, schwamm über die Seen und suchte
das Abenteuer. Als einer der Ersten in der Umgebung
habe er ein Velo besessen. Er verbrachte viel Zeit
beim Ziegeleiinhaber Zbinden in Erlach, welcher

Maurice Anker: Aufriss eines Segelbootes. Unbekanntes Datum, Bleistift auf Papier, Albert Anker-Haus, Ins.

mehrere abenteuerliche Reisen durch Afrika unternommen hatte, Objekte von dort in seinem Haus aufbewahrte und Maurice von seinen Expeditionen erzählte.

Dies weckte die Abenteuerlust des jungen Maurice. Am liebsten las er die Science-Fiction-Romane von Jules Verne und träumte davon, zur See zu fahren und die Welt zu erkunden. Hatte er einmal kein Geld, um seine Kneipentouren zu bezahlen, schoss ihm Zbinden grosszügig welches vor und bat ihn im Gegenzug, ihm doch bei Gelegenheit eine Kleinigkeit an Zeichnungen aus dem Atelier seines Vaters zu bringen. So konnte sich der Ziegeleiinhaber bis zu seinem Tod eine ansehnliche Sammlung an Anker-Bildern zulegen, welche nach seinem Tod durch den Bund in einer speziellen Auktion verkauft wurde.

Albert Anker: Maurice. Ca. 1887, Öl auf Leinwand, Privatbesitz.

Das kleine Zimmer im Elternhaus wurde Maurice bald zu eng, ihn drängte es hinaus in die Weite der Welt, er wollte zur See fahren. Die Eltern konnten ihn dazu bewegen, eine Lehre als Schiffszimmermann im Technikum in Winterthur zu machen. Aus dieser Zeit sind Lehrbücher – meist auf Englisch –

und sehr präzise gezeichnete Schiffsrisse erhalten. Nach eigenen Plänen und raffinierten Neuerungen für die Abstützung des Mastes im Rumpf baute er im Elternhaus sein erstes Segelboot. Das wurde allerdings so gross, dass es sich nicht mehr durch die Tür hinausbefördern liess. Deshalb musste der Türrahmen abgebaut und anschliessend wieder montiert werden, was Maurice dank seiner Kenntnisse im Bearbeiten von Holz im Handumdrehen erledigte.

Gleich nach Abschluss seiner Ausbildung reiste Maurice nach Saint-Malo in der Bretagne und heuerte auf einem grossen Segelhandelsschiff an. Über Jahre bereiste er grosse Teile der Welt, umfuhr mit den sogenannten Windjammern die gefürchteten Kaps, sah Teile von Asien, Afrika und Südamerika.

Die nächste Information zu Maurices Leben stammt aus dem Jahr 1895. Während eines Sturms vor Westafrika war er überzeugt, die Befehle des Kapitäns seien wahnsinnig und gefährlich. Er wollte die Mannschaft auf seine Seite ziehen und schlug ein anderes Manöver vor. Irgendwie überlebten sie den Sturm und im nächsten Hafen von Cotonou in Dahomey (heute Benin), einer portugiesischen Kolonie, liess ihn der Kapitän wegen Meuterei ins Gefängnis bringen. Da Maurice in vielen Belangen sehr geschickt war, bot er dem Gouverneur seine Dienste an und arbeitete als Dolmetscher für Portugiesisch. Damit kam er rasch wieder aus dem Gefängnis frei. Kurze Zeit später fuhr er mit einem anderen Handelsschiff wieder weiter.

Um einer Betreibung zu entgehen, trat Maurice 1900 in die Pontonierrekrutenschule in Brugg ein, wurde Korporal und bewarb sich als einer der Ersten für die neu gegründete ‹Luftwaffe›, deren Luftschiffe damals aus Ballons und Zeppelinen bestanden.

Erste Versuche, zusammen mit einem Kollegen eine eigene kleine Handelsfirma zu gründen, schlugen fehl. Zum Leidwesen der Eltern geriet Maurice in Schulden. Nur dank längerem Dienst in der Armee entging er einem Gerichtsprozess. In der Folge suchte er eine Anstellung im Ausland.

Kurze Zeit später bewarb er sich auf Vermittlung seiner Eltern bei einer englischen Missionsfirma, später bei einer Bahnbaugesellschaft, welche eine Eisenbahnlinie durch Südostafrika erstellte. Dort gab er aber bald seinen Beruf auf und lebte bei den Eingeborenen. Die Bahnbaufirma hatte im weiten Umfeld alle grossen Bäume für den Bau der Brücken und Bahnschwellen gefällt, so dass die Eingeborenen am Sambesifluss nicht mehr ihre gewohnten Einbäume bauen konnten. Maurice beschaffte sich Werkzeug und baute mit den Dorfbewohnern Boote aus Brettern nach dem Vorbild der Aareweidlinge. Noch heute bauen sie diese nachweislich nach den Plänen von Maurice und nennen sie ‹Swiss Pontoons›.

Einige Zeit verbrachte er in Madeira, in der Nähe des Hafenorts Funchal. Dort betrieb er einen kleinen Bauernhof und trieb Handel mit Schiffszubehör. Während einer Choleraepidemie musste er Briefe nach Hause zuerst im Schwefeldampf desinfizieren. Solche Briefe mit Brandspuren sind im Albert Anker-Haus noch erhalten. Rasch lernte er auch hohe Funktionäre der Insel kennen und heiratete die Tochter des Gouverneurs, Maria Elisabeth Gonsalez. Leider starben sie und ihr erstes gemeinsames Kind bei der Geburt.

Maurice hielt es darauf nicht mehr auf der Insel aus und schmiedete Pläne, nach Kalifornien auszuwandern und dort nach Gold zu graben. Die Gegend um San Francisco und Sacramento war damals so gut wie eine Schweizer Kolonie unter dem Regiment des Generals Sutter aus dem Baselbiet, und der Handel war fest in den Händen berühmter Schweizer Firmen, zum Beispiel der Gebrüder Borel von Neuchâtel, welche auch mit Albert Anker befreundet waren.

Lange Zeit blieb die Familie in Ins ohne Nachrichten des ‹verlorenen Sohnes›. Da beauftragte Albert Anker seinen Schulfreund Alfred Borel, doch einmal in Amerika nachzusehen, ob er Maurice nicht irgendwo finde. Dieser gab Bescheid, er habe ihn im Hafen von Liberty Island in New York getroffen, wo er als Lastenträger im Quai seinen Lebensunterhalt verdiente. Er habe seine Hose nur mit einer Schnur festgebunden – so armselig sei er gekleidet gewesen.

Borel verhalf Maurice zu einer Arbeit in Kalifornien. Maurice versuchte sich dort auch als Goldgräber, fand aber kein Vermögen – allerdings fand er dort seine spätere Frau Emilie Vögeli, eine Schweizerin aus Binningen. Er heiratete sie und hatte mit ihr zwei Töchter, Juliana (*1924) und Elisabeth (Lilly, *1926). In Ontario nahe Los Angeles betrieb er eine Tankstelle für Autos und ein Geschäft für Schiffszubehör. Von dort schrieb er Briefe an seine Familie in der Schweiz.

1931 starb Maurice. Während des Zweiten Weltkriegs kam Emilie mit den beiden Töchtern zurück in die Schweiz und betrieb in Iseltwald eine Pension. Lilly arbeitete während des Kriegs bei den amerikanischen Invasionstruppen in Deutschland als Rotkreuzhelferin und Dolmetscherin, lernte dort einen Fallschirmspringer kennen, heiratete ihn und bekam einen Sohn: Philip Delamarter. Nach dem Krieg fuhren sie wieder zurück in die USA. Mit der Zeit brach der Kontakt mit der Familie in der Schweiz ab.

1993 hatte ich die Gelegenheit, in den USA nach Verwandten zu forschen. So fand ich Philip und seine Tante Juliana in Texas, wohin sie nach Jahren in Florida mit gefährlichen Wirbelstürmen und Flutschäden gezogen waren. Philip war mehrere Jahre als Schiffsingenieur und Offizier zur See gefahren – ohne zu wissen, dass sein früh verstorbener Grossvater Maurice dieselbe Leidenschaft hatte! Unter uns bahnte sich eine herzliche Freundschaft an, gemeinsam versuchten wir, das Leben von Maurice wieder zu erforschen.

Dabei stiessen wir auf das Manuskript dieses Romans mit der Überschrift *On a Volcano*. Verborgen in der abenteuerlichen Geschichte im Stil eines Jules Verne erfahren wir viele Einzelheiten aus dem Leben von Maurice. Seinen Töchtern habe er damals, als er in seinen letzten Jahren vor dem Tod am Roman schrieb, oft gesagt: «Darin verstecke ich meine Lebenserinnerungen und Abenteuer, die ich euch noch nie erzählt habe.»

Ich konnte das englische Original für interessierte Familienangehörige übersetzen und war fasziniert, auf diese Weise den fast unbekannten Maurice in die Familie zurückzuholen. Der Sinn für technische Entwicklungen, welche erst noch in der Zukunft lagen, war bei Maurice erstaunlich ausgeprägt – ähnlich wie bei Jules Verne. So schildert er ein drahtloses Telefon und beschrieb es gar mit dem Begriff ‹handy›, als solches noch gar nicht existierte. Ausserdem beschreibt er eine Radareinrichtung für Flugzeug und Schiff. Diese Technik war zu Maurices Lebzeiten in geheimer Erprobung und wurde erst im Zweiten Weltkrieg eingesetzt. Maurice aber beschrieb sie anfangs der 1930er Jahre. Zudem beschreibt er mit seiner Geschichte eine Thematik, welche uns auch heute noch aufrüttelt und bedroht: die Gefahr einer Naturkatastrophe, welche die technisch und sozial hochentwickelte Gesellschaft jederzeit dem Untergang preisgeben könnte.

Dank der Zusammenarbeit mit dem Verlag Johannes Petri in Basel, Teil des ältesten heute noch existierenden Verlagshauses der Welt, kann nun der Text dieses Romans in der deutschen Übersetzung herausgegeben und so einer breiteren Leserschaft zugänglich gemacht werden.

Matthias Brefin, Ururenkel von Albert Anker
Im Februar 2017

Sobre a nudez forte da verdade
O manto diaphano da phantasia.

Eça de Queiroz (1845–1900,
portugiesischer Schriftsteller)

(Durch das Gewand der Fantasie erscheint klar
die nackte Wahrheit.)

Bericht an die Geographische Gesellschaft in N…

Albert Anker, Segelboote am Rubikon. Datum unbekannt. Aquarell, Privatbesitz.

Eine mysteriöse Entdeckung

Sehr geehrte Herren

Vor ein paar Tagen erhielt ich Ihren Brief mit der Bitte, Ihnen über meine Abenteuer während der vierzehn Monate zu berichten, welche seit meinem Verschwinden von der Ostküste von Grönland verflossen sind. Dies tat ich, indem ich meine Notizen durchsah, die ich bei mir hatte, als die *SS Lorania* vor Sable Island kollidierte und sank. Die Sammlung von Pflanzen, die ich während dieser Zeit zusammengetragen hatte, zusammen mit meinem Herbarium, war an Bord der *Lorania* und ist jetzt unglücklicherweise auf dem Meeresgrund.

Ich weiss aber, dass die Sammlung, die ich während meines Aufenthaltes in Grönland auf der *Nordstern* zusammengetragen hatte, in guten Händen ist und bei Gelegenheit bestimmt und eingeordnet wird.

Jetzt will ich Ihnen in allen Einzelheiten berichten, was damals geschah, als ich verschwand, und was aus mir wurde, denn ich glaube, dass seit meinem Brief, den ich in Lissabon vor etwa einem Jahr aufgegeben hatte, weder Sie noch sonst jemand irgend ein Lebenszeichen bekommen oder eine Neuigkeit von mir erfahren hat.

Die Expedition zur Erforschung der Arktis mit der *Nordstern* hatte ihre Vorbereitungen zur Heimreise abgeschlossen und wartete auf die Ankunft eines Kohleschiffes, welches gechartert worden war, um unser Schiff mit Kohle für die Rückreise zu versorgen. Ungünstige Wetterverhältnisse verursachten einige Verzögerungen, und während dieser Zeit vertrieben sich viele von unserer Mannschaft die Zeit, indem sie kurze Ausflüge ins Innere der Küstenregion von Grönland unternahmen.

Auf einem solchen Ausflug begleiteten mich zwei Eskimos. Wir hatten im Sinn, etwa drei bis vier Tagereisen ins Innere einer tiefen Bucht vorzustossen, etwa 30 bis 40 Kilometer weit. Als ich am zweiten Tag mein Zelt aufgeschlagen hatte, entdeckte ich zu meinem Erstaunen eine einfache Hütte, die nicht von Eskimos erbaut schien, sondern von Weissen. Offensichtlich war die Hütte seit langem verlassen und war nur für kurze Zeit bewohnt worden. Da waren noch einige Überreste eines Lagers, wie es die Weissen errichten: Einige leere Büchsen lagen rings um die Hütte verstreut bei den Überbleibseln eines Feuerplatzes. Ich befragte meine beiden Eskimobegleiter, aber auch sie konnten mir keine Erklärung geben.

Wir liessen uns zum Abendessen nieder und planten den folgenden Tag, aber meine Gedanken waren woanders, und nach einer letzten Tasse Tee setzte ich mich ab, um die Hütte und die Umgebung zu erkunden, in der Hoffnung, herauszufinden, wer vor uns hier gewesen sein mochte. Ich war gerade daran, ein Stück Gummi mit meinem Stock aufzupicken, als ich plötzlich einen merkwürdigen Gegenstand entdeckte, den ich auch gleich aufnahm.

Es war eine Scheibe aus gelbglänzendem Metall, etwa 15 cm im Durchmesser, mit einem kleinen elektrischen Lämpchen in der Mitte. Auf der einen Seite befand sich ein kleines Rohr, wie ein Horn, ähnlich dem Hörer bei unseren Telefonen. Über der elektrischen Kugel war eine schmale Öffnung mit einem Gitterchen, offensichtlich das andere Ende, wenn es sich denn wirklich um so etwas wie ein Sprechgerät handelte. Das Instrument, das ich hier in der Hand hielt, war zwar schmutzig, aber ich konnte es rasch vom gröbsten Dreck befreien und war sehr erstaunt zu sehen, dass es in keiner Weise korrodiert war. Es war weder Rost noch Grünspan zu sehen. Aus andern Überresten dieses einfachen Lagers konnte ich schliessen, dass es vor mindestens einem Jahr verlassen worden war. Und doch hatte ich hier einen Gegenstand gefunden, der offensichtlich aus einem Metall gefertigt war, welches nach einer kurzen Reinigung aussah, als käme es direkt aus dem Laden. Mehr noch: Es war ein Instrument, wie ich es vorher noch nie gesehen hatte, und es musste das Produkt einer Industrie und eines Landes sein, von denen ich zuvor noch nie gehört hatte. Das Metall hatte die Farbe alter Bronze, und um herauszufinden, woraus es bestand, nahm ich mein Taschenmesser hervor und versuchte es zu ritzen – aber zu meiner Überraschung konnte ich ihm nichts anhaben, nicht der leichteste Kratzer war sichtbar. Mein Messer glitt über die Oberfläche wie über ein Stück gehärteten Stahl. Ich war erstaunt und verwirrt.

Es wurde spät, die Dunkelheit brach herein – es war damals erst Mai –, aber ich konnte nicht einschlafen; meine Entdeckung hatte mich derart gepackt, dass ich an nichts anderes denken konnte. Hier in Grönland hatte ich ein Instrument entdeckt, dessen Verwendung ich nicht kannte, hergestellt aus einem Metall, welches ich weder zuvor gesehen hatte, noch hatte ich davon gehört, und – dessen war ich mir ganz sicher – welches bei uns nirgends industriell hergestellt wurde.

Ich nahm das Gerät wieder hervor. Als ich dieses wunderbare Produkt in meinen Händen hielt, erkannte ich an seinen Massen und an seinem leichten Gewicht, dass es hohl sein musste, aber ich konnte es nicht öffnen. An seiner Rückseite waren zwei Knöpfe spürbar, und als ich versuchte, es vom anhaftenden Sand ringsum zu reinigen, drückte ich versehentlich einen davon. Daraufhin fühlte ich ein Vibrieren, hörte ein Klicken, und das Lämpchen leuchtete plötzlich hell auf.

Dies – glauben Sie mir – gab mir doch zu denken. Zuerst versuchte ich es mir durch Analogien mit unseren eigenen, ähnlichen Produkten zu erklären. ‹Das›, dachte ich zuerst, ‹ist doch einfach eine neuartige Taschenlampe mit einer Batterie zwischen zwei Metallplatten. Aber›, folgerte ich weiter, ‹dies muss eine ausgezeichnete Qualität von Batterie sein.› Sie war sicher hier in der Sonne liegengeblieben, in Regen und Schnee während eines Jahres, und doch leuchtete sie heller auf, als ich es je bei einer unserer Taschenlampen gesehen hatte. Allerdings erklärte das noch nicht den andern Teil des Instruments, das Telefon.

Darauf tastete ich nach dem zweiten Knopf oder Schalter, drückte ihn auf gleiche Weise wie den ersten. Sofort hörte ich ein eigentümliches Geräusch aus dem Telefon. Ich hielt den Hörer an mein Ohr. Ich hörte eine Männerstimme am andern Ende sprechen – wo immer das sein mochte –, aber ich konnte nicht verstehen, was er sagte, und rief «Hallo!». «Wer sind Sie?», kam als Antwort, worauf ich meinen Namen nannte: «James Bell von der *Nordstern*-Polarexpedition an der Küste von Grönland.»

Ich hörte ihn lachen, genauer, ich hörte *jemanden* lachen, und dieser jemand begann mich auszufragen: «Wo haben Sie dieses Instrument, das Sie in der Hand halten, gefunden, wer ist in Ihrer Begleitung?» und mehrere solcher Fragen, an welche ich mich jetzt nicht mehr genau erinnern kann.

Ich wurde jedoch unruhig, meine Erregung packte mich, denn hier stand ich, ungeduldig, das Wie und Wozu meines neu entdeckten, geheimnisvollen Telefons zu enträtseln, und wurde wie ein Schulbub ausgefragt. So rief ich schliesslich in das Telefon: «Sagen Sie mal, jetzt hören Sie mit der Fragerei auf und lassen Sie mich was sagen: Wer sind Sie, und wo kommt dieses Gerät her?»

«Sie wollen das also herausfinden? Ich heisse Dekker Storen, aber mein Name wird Ihnen wahrscheinlich nichts bedeuten. Ich habe jedoch Ihr Buch über die arktische Flora gelesen, das Sie vor zwei Jahren herausgegeben haben. Ich selber habe zum gleichen Thema auch ein Buch geschrieben. Wenn Sie wirklich alles über die Lampe und das Telefon herausfinden wollen, gebe ich Ihnen die Gelegenheit und würde mich freuen, Ihre Bekanntschaft zu machen.»

«Wann?», fragte ich.

«Ich werde jemanden vorbeischicken, Sie können ihn morgen bei Tagesanbruch erwarten.»

Damit hörte das Summen auf, und ich versuchte nicht, die Kommunikation wieder aufzunehmen.

Übrigens: Als ich zum ersten Mal so laut in das Telefon rief, waren meine beiden Eskimobegleiter aus ihrem ersten Schlaf aufgewacht und standen jetzt hinter mir und starrten verwundert auf die Leuchten. Darauf suchte auch ich wieder den Schutz meines Schlafsacks. Aber es dauerte lange, bis ich den Schlaf fand, und auch dann nur in kurzen Abschnitten, mit vielen Unterbrüchen.

Gegen Morgen lag ich lange wach, und nachdem ich mir das Ganze noch einmal überlegt hatte, beschloss ich, auf das Angebot dieses Dekker (ich hatte seinen Nachnamen nicht erfassen können) einzugehen, falls er wirklich erscheinen sollte wie versprochen. Unsere Expedition war beendet, ich hatte weder Kinder noch Verwandte ausser meinem Onkel; niemanden, für den ich zu sorgen gehabt hätte, und so fühlte ich mich frei, diesem Geheimnis nachzugehen. Daher stand ich auf, und im Licht meiner neuen Lampe schrieb ich einen Brief an meine Kameraden fürs Anschlagbrett der *Nordstern*, nicht mehr auf mich zu warten, ich würde auf einem anderen Weg meine Heimreise antreten. Über meinen Fund sagte ich nichts in diesem Brief, vor allem, da mir wenig Zeit blieb.

Flug nach Jilona

Das Wetter war vielversprechend, die Sonne blinzelte schon durch die Morgennebel und versprach einen wunderbaren Tag. Einer der Eskimos war schon damit beschäftigt, unser Frühstück zuzubereiten, während der andere, welcher noch draussen vor der Hütte geschlafen hatte, jetzt laut rief und in den Himmel zeigte. Ich sah ein Flugzeug direkt auf uns zukommen. Der Pilot drehte ein paar Runden, bis er einen günstigen Landeplatz gefunden hatte, setzte auf und brachte das Flugzeug zum Stehen. Dann weckte aber etwas Ungewöhnliches an der Erscheinung des Flugzeugs meine Aufmerksamkeit. Es war völlig lautlos, ohne Geräusch war es gekommen. Ich konnte keine Explosionsgeräusche eines Motors hören.

Darauf näherte ich mich dem Flugzeug. Der Pilot war schon ausgestiegen, als ich es erreichte, und nachdem ich ihn gegrüsst hatte, sagte ich: «Möchten Sie nicht ein Frühstück essen, bevor wir starten?»

«Mit grossem Vergnügen», antwortete mein merkwürdiger Gast, während er seine Fliegermütze auszog und mit seinen Handflächen kräftig seine Ohren rieb.

Er war ein junger Kerl mit hellblondem, gewelltem Haar, mit kräftigen, dunklen Augenbrauen und grau-blauen Augen. Er war über 1,80 Meter gross, offensichtlich athletisch gebaut und an allerlei körperliche Ertüchtigung gewöhnt. Mitten in New York hätte man ihn wohl für ein gutes Beispiel eines westlichen Piloten gehalten, wenn er auch etwas kräftiger gebaut war, als diese üblicherweise sind. Alles in allem also ein sehr gewinnender junger Mann, ein echter Naturbursche.

Bald hatte er sein Frühstück beendet, und ich fragte ihn aus über die Gesellschaft, welche die Hütte gebaut hatte, in welcher wir uns hier befanden. Er meinte, er kenne die Personen, eines der Mitglieder sei immer noch in Grönland. Die Hütte sei vor etwa einem Jahr gebaut worden.

Kurz darauf erklärte er, er sei bereit, aufzubrechen. Ich dachte noch an meinen Brief und war gerade daran, ihn zusammenzufalten, um ihn meinen Eskimobegleitern mitzugeben, als er mich unterbrach und fragte: «Haben Sie in Ihrem Brief etwas vom Telefon erwähnt?» Als ich verneinte, sagte er: «Gut so, ist in Ordnung.»

Ich erklärte meinen beiden Begleitern, was sie zu tun hätten, und verabschiedete mich von ihnen. Ich hatte etwas Mühe, meine Erklärungen abzugeben, da ich ihre Sprache nicht sehr gut beherrschte. Als Napoleons Soldaten Deutschland durchquerten, vor hundert Jahren, kannten sie auch nur ein paar von den wichtigsten Ausdrücken: Brot, Kuss, Ehre, Freiheit. Hier war unser Wortschatz ähnlich begrenzt: Schiff, Gewehr, Tee, Frühstück.

So war es ein umständliches Unterfangen, meine Absicht klar mitzuteilen, und ich war recht überrascht, als mein neuer Begleiter sagte: «Ich hätte Ihnen diese Schwierigkeiten ersparen können, denn ich spreche ihre Sprache fast so gut wie sie selbst.»

Er hiess mich, meinen Schlafsack und einen Teil meiner Ausrüstung bei den Eskimos zu lassen.

Doch ich erinnerte mich an das Telefon und fragte: «Soll ich dies mitnehmen?»

«Tja – das könnte noch nützlich[1] sein. Aber lassen Sie mich überprüfen, ob Ihr Ölzeug warm genug ist.»

Er schien nicht zufrieden, und als wir beim Flugzeug ankamen, gab er mir einen Anzug ähnlich dem seinen. Ich war damals zu beschäftigt, als dass ich ihn hätte fragen können, wo er die Sprache der Eskimos gelernt hatte und warum er mir die Aufgabe, alles zu erklären, nicht abgenommen hatte. Während wir das Flugzeug bestiegen, erklärte er mir, sein Name sei Elmer Hiblar, er habe vor acht Jahren das Fliegen gelernt, und dass der Mann, mit welchem ich am Telefon gesprochen hatte, der Sohn des Vorstehers der Insel Jilona sei, etwa 800 Meilen[2] östlich gelegen.

Für einen Moment zögerte ich ein wenig und sagte: «Das bedeutet eine lange Reise, und ich habe nur sehr wenig Gepäck, und dies scheint mir doch im Ganzen eine unvorsichtige Art, eine solch lange Reise anzugehen.»

«Nun», war seine Antwort, «wir sind ja hier nicht in New York, und diese Reise wird nur etwa sechs Stunden dauern, also kümmern Sie sich nicht um solch kleine Dinge. Dekker bat mich, Sie zu holen, und sagte mir, dass Sie mich hier erwarteten. Ich kannte den Ort und hatte keine Schwierigkeiten, Sie hier zu finden.»

---

1   Hier braucht Anker im Originalmanuskript sogar den Begriff ‹handy›, um das mobile Telefon zu beschreiben!

2   Eine Seemeile sind 1,85 km.

Darauf machte ich keine weiteren Umstände, und er startete den Motor, während ich den beiden Eskimos zum Abschied winkte, die damit beschäftigt waren, unser restliches Gepäck zusammenzusammeln, und uns dabei beim Abflug beobachteten.

Mein Pilot liess den Motor während einer gewissen Zeit ruhig laufen, und ich horchte gespannt auf die üblichen Explosionsgeräusche, aber ausser einem leisen Surren des Propellers konnte ich nicht das Geringste hören. Da war nicht der leiseste Geruch nach Benzin. Den Motor konnte ich nicht sehen, aber er schien vor dem Piloten zu liegen, tief im Bauch der Maschine. Diese war überall sorgfältig ausgearbeitet, auch die Farbe war besonders fein gespritzt. Sie war in einem hellgrauen Ton gehalten, und als ich sie berührte und mit meinem Fingernagel daran kratzte, bemerkte ich, dass sie extrem hart war. Alles in allem war diese Maschine ganz anders als alles, was ich zuvor gesehen hatte, auch als das Flugzeug, welches wir bei unserer eigenen Expedition verwendet hatten.

Ich war noch ganz vertieft in meine Beobachtungen, als plötzlich der Motor beschleunigte und wir abhoben und innert kürzester Zeit davonflogen. Innert weniger Minuten rasten wir über das Packeis und schon bald darauf über den tiefen blauen Ozean, übersät von Eisblöcken hier und dort. Aber über dem Horizont konnte ich eine mächtige Wolkenwand sehen, die sich auf uns zubewegte, vorangetrieben durch einen kräftigen Ostwind. Bald tauchten wir in die Wolken ein. Kontinuierlich stiegen wir jedoch über diese dichte Wolkenmasse hinweg und flogen hoch über einem Wolkenmeer. Selten konnten wir durch eine Öffnung einen kleinen Flecken des dunklen Ozeans unter uns erblicken. An ihrem östlichen Rand sahen die Wolken weiss und leicht aus mit vereinzelten hellen rosafarbenen Rändern, am westlichen Rand jedoch sahen sie dunkel und bedrohlich aus. Es schien, als ob durch eines Giganten Hand dunkle und erschreckende Gewitterwolken mit leichten Nebelschwaden, wie wir sie gelegentlich an lauen Sommerabenden sehen, gemischt worden wären.

Bald bemerkte ich, dass wir uns frei unterhalten konnten, denn unsere Fliegermützen waren nicht darauf angelegt, den Lärm eines donnernden Motors abzuschirmen, und im Cockpit war es recht angenehm. Nur ab und zu gewahrte ich einen kühlen Lufthauch. Mein Begleiter erklärte mir, dass diese Art Wetter für diese Jahreszeit ganz üblich sei und dass es nur gelegentlich aufklarte, wenn ein ordentlicher Sturm die Wolken wegfegte, aber dann sei das Wetter für Piloten widrig und kaum besser als jetzt. Erst nach Juni sei es dann üblicherweise klarer.

Als ich nach unserer Destination fragte und ihm sagte, dass ich nie von einer Insel in dieser Umgebung gehört hatte ausser von Jan Mayen, da sagte er zu mir: «Das ist unser Nachbar, aber niemand lebt dort und wir gehen nur einmal im Jahr dorthin. Ich glaube, der letzte Mensch, der dort ausser uns war, war Lord Duncaven. Er lebte dort nicht lange, ich glaube sogar, keiner von seinen Begleitern blieb dort über Nacht an Land. Das war damals, in den 1880ern. Davor hat eine Gruppe holländischer Seeleute versucht, auf der Insel zu überwintern, aber als im Frühjahr ein Walfangschiff kam, sie zu suchen, waren sie alle tot. Es waren ihrer dreizehn. Jan Mayen liegt knapp innerhalb des arktischen Kreises, aber ihr Klima ist besonders hart, da der Golfstrom die Insel normalerweise nicht erreicht. Was unsere Insel betrifft, die liegt ganz im Einfluss des Golfstroms. Und ihr Klima ist bedeutend besser. Wenn sie nicht so bekannt ist wie andere, so liegt es daran, dass wir kein besonderes Interesse daran haben, mit der Aussenwelt in Kontakt zu treten. Aber schauen Sie, hier kommt unsere andere Nachbarinsel, Island.»

Ich blickte angestrengt über den ganzen Horizont, sah aber nur Wolken. Zu der Zeit waren die rosafarbenen Ränder verschwunden, und ich gewahrte nur ein riesiges, weisses Tuch und hie und da eine Wolke, die heller schien als die andern.

«Nein, Sie können die Insel noch nicht sehen, aber mein *Pathfinder* zeigt sie mir auf den Instrumenten an.»

Ich beugte mich über seine Schulter, denn ich sass hinter ihm, und er zeigte auf eines der Instrumente vor ihm. Unter einer Glasplatte bewegte sich ein Zeiger hin und her, einen Kreisbogen von etwa 45° beschreibend, und zeichnete dabei offensichtlich vereinzelte schwarze Punkte, indem er über ein Papier strich, welches sich langsam zwischen zwei Zylindern bewegte. Auf einem Fleck, leicht rechts von der Mittellinie, markierte die Nadel die Punkte viel näher beisammen, so dass das Papier aus etwas Distanz dort viel dunkler erschien, als ob dort ein Fettfleck gemacht worden wäre.

«Dies ist Island», sagte Elmer, «wir werden es voraussichtlich in etwa 15 Minuten sehen können, zumindest werden wir einige der Berge sehen, wie sie aus dem Nebel herausragen, falls das Wetter etwa so ist, wie es heute früh war.»

Also war hier eine neue Überraschung: Ich hatte weder je ein solches Instrument gesehen, noch hatte ich von seiner Existenz gehört. Elmer sagte, es sei vor etwa zwölf Jahren erfunden worden und dass es auf dem Prinzip der elektrischen Echowellen arbeite. Eine Anzahl Wellen oder Schwingungen würden ausgesendet, und die Nadel markiere sie auf der Rolle. «Dann wird die Welle durch ein Hindernis wie eine Insel oder einen Berg zurückgeworfen, es wird durch den Echoempfänger aufgenommen und als Extrapunkt auf dem Papier markiert.» Mein Begleiter meinte, das Prinzip sei ganz einfach und es gebe unendlich viele Anwendungen davon, und dass seine Anwendung wahrscheinlich die Kartographie revolutionieren werde, ganz besonders in unwegsamen Gebieten wie dem Südpol. Er sagte, in einem Flugzeug sei es nicht möglich, die Sonne mit dem Sextanten zu schiessen, dass er selbst das als untauglich empfinde, und dass man in Polarregionen nie sicher sei, klare Wetterverhältnisse zu haben. Er sagte auch, dass sogar die kürzesten Rechnungsarten zu zeitaufwendig seien, und dass man nie die exakte momentane Position erhalte, sondern immer eine, wo man sich vor einiger Zeit befand. Dies mache eine grosse Differenz aus, wenn man die Geschwindigkeit des Flugzeugs in Betracht ziehe. Mit dem *Pathfinder*, sagte er, könne er immer im Voraus wissen, wo sich Berge befänden, und er könne ihnen so einfach ausweichen, sogar bei dichtem Nebel.

Unterdessen konnten wir einige der Berge auf Island sehen, wie sie aus dem Nebel herausragten. Zuerst erschienen sie bleich und grau, aber als wir uns ihnen näherten, wurden sie dunkler und dunkler, zumindest die Teile, welche nicht schneebedeckt waren. Was wir sahen, schien wie ein Streifen flaches Hochland, das ins Meer geworfen worden war. Wir liessen es links liegen und befanden uns wiederum über dem Nebel, aber bald darauf sahen wir gerade voraus eine andere Gebirgskette, höher und abweisender als die erste. Wir steuerten direkt darüber hinaus, die Landschaft war wild und wirklich fantastisch. Wolken füllten all die tiefen Fjorde und sogar einige der höhergelegenen Täler, und nur die hohen Berge ragten klar heraus. An einer Stelle konnten wir deutlich das rauschende Schlagen der Brandung gegen die Klippen hören, aber die weisse Linie der Brecher konnten wir natürlich nicht sehen.

Mein Begleiter erklärte mir, dass wir nur über die nord-westliche Ecke der Insel geflogen seien und dass wir jetzt mehr als die Hälfte unserer Distanz zurückgelegt hätten. Ich fragte ihn, ob er auch bei Nebel landen könne, er aber erklärte, dass der Landeplatz meist nebelfrei sei, und dass wir um drei Uhr landen würden. Ich schaute auf meine Uhr, die aber zeigte erst neun, dabei ging sie und war in Ordnung.

Als ich ihn darauf ansprach, sagte er: «Nach meiner Uhr ist es etwas nach zwölf. Wenn wir dort ankommen, haben wir mehr als 45 Längengrade durchquert, das macht die Zeitdifferenz aus. Ein Grad auf dieser Breite macht nur etwa 24 Meilen aus, das wissen Sie wahrscheinlich ebenso gut wie ich, aber ich weiss, dass wir uns dessen nie so bewusst werden, wie wenn wir mit hoher Geschwindigkeit fliegen. Es ist erstaunlich, wie rasch wir die Uhr umstellen müssen. Auf dem Äquator würde dieselbe Distanz weniger als eine Stunde Zeitdifferenz ausmachen.»

Jetzt befragte ich meinen Fremdenführer über den Motor und wie seine Explosionen zu Stande kämen, und ich war zu tiefst betroffen, dass ich mir nie zuvor die Zeit genommen hatte, diese Wissenschaft zu studieren, welche zu so vielen neuen Entdeckungen geführt hatte, und welche verspricht, für uns in der Zukunft ein solch fruchtbares Betätigungsfeld zu sein. Ich verstand jedoch, dass der Motor seine Kraft aus einer hydroelektrischen Zentrale bezog, welche im nördlichen Teil von Jilona lag, unter Nutzung von vorgewärmter Luft, und dass diese Energie sehr stetig war und dass ein Flugzeug wie dieses damit jede Destination, zumindest auf der Nordhalbkugel der Erde, anfliegen könne. Motoren dieser Art, sagte er, könnten lange Zeit laufen, Tag und Nacht über Jahre, ohne irgendwelche Abnutzungsanzeichen aufzuweisen.

Sie hätten in Jilona ein Schiff, welches in den letzten zwanzig Jahren oder gar länger regelmässige Fahrten nach Schottland, Frankreich und ins Mittelmeer unternommen habe, ohne Segel und ohne andere Kraftquelle als die der hydroelektrischen Energiezentrale in Jilona, und dieses Schiff sei wohl noch viele Jahre tauglich. Dieses Boot habe die Schiffsschraube im Wasser genau wie die Dampfschiffe; sie verwendeten ähnliche kleinere Hilfsmotoren auf ihren kleineren Booten, die jedoch mit Luftpropellern angetrieben würden. Dies habe zum Ziel – sagte er –, die Fische nicht in ihrem Element zu stören. Denn Fische seien ihre Haupteinnahmequelle, und sie unternähmen alle möglichen Anstrengungen, um diese Quelle auch für kommende Generationen zu erhalten.

Das alles stimmte mich lange Zeit nachdenklich. Es erklärte viele der Besonderheiten, die mir aufgefallen waren, und ich verstand jetzt, wenigstens bis zu einem gewissen Grad, weshalb die Bewohner von Jilona nicht wollten, dass ihre Insel zu bekannt wurde. Doch es konnte mir noch keine Erklärung geben, weshalb der Sohn des Gouverneurs dieser Insel mich zu sehen wünschte und weshalb er diesen jungen Piloten hergeschickt hatte, mich zu ihm zu bringen.

Ich beschloss, meinen Begleiter zu fragen, der jedoch konnte mir keine Antwort darauf geben. Er sagte nur: «Der junge Storen ist einer meiner guten Freunde, aber er ist ein sehr gelehrter junger Mann. Ich bin da ganz anders, und das macht den Unterschied zwischen uns. Er hat sich mehrere Male im Ausland aufgehalten für längere Zeit, und er hat mehrere Bücher geschrieben. Man sagt, er wisse mehr als sein Vater, der ein sehr guter Mann ist. Jedermann hier achtet ihn und beachtet, was er sagt.

Was mich betrifft: Ich war nicht oft weg. Ich nahm nur während meiner Ausbildung an einer Reise rund um die Welt teil, als ich 18 war, dazu kamen ein paar Ausflüge an die Küste von Grönland und nach Europa. Als ich zurückkam, lernte ich fliegen. Und als mir das ganz gewöhnlich vorkam, gab ich jeden Sommer Stunden, wenn die erste Fischsaison vorüber war. Wir haben hier in Jilona zwei Fischsaisons, eine im Frühjahr und eine im Herbst.»

«Was hätten Sie getan», fragte ich ihn, «wenn ich mich geweigert hätte, mit Ihnen zu kommen? Denn, sehen Sie, diese Reise bedeutet für mich ein grosses Abenteuer. Hätten Sie Gewalt angewendet?»

«Das war nicht Teil meiner Befehle», sagte er, «aber ich war überzeugt, Sie würden kommen. Neugierde lässt uns eine Menge Dinge tun, und viele Reisen werden aus diesem Grund unternommen. Ich kann verstehen, dass es für Sie ein grosses Abenteuer bedeutet, aber Sie brauchen sich keine Sorgen zu machen. Mag sein, dass der junge Gouverneur nur einen Mitarbeiter sucht für seine Arbeit an einem neuen Buch. Sei dem, wie es wolle – er hat andere immer korrekt behandelt, und ich sehe keinen Grund, weshalb er mit Ihnen anders verfahren sollte.»

Darauf befragte ich ihn über die Bücher, welche der junge Storen geschrieben hat. «Eines davon handelt von der Fischerei», informierte er mich, «und ich kenne es fast auswendig. Jedermann auf der Insel täte gut daran, es zu studieren. Es hat sich als derart nützlich erwiesen, dass unser Fischexport seit seiner Veröffentlichung um einen hohen Prozentsatz angestiegen ist. Dies ist – wie Sie sicherlich zugeben werden – für eine Insel, deren Bevölkerung zu mehr als zwei Drittel vom Fischfang lebt, sehr bedeutend.»

Während wir solcherart freundlich miteinander plauderten, kamen wir der Insel näher. Elmer befragte mich auch über unsere Grönlandexpedition und den Grund einer solchen Reise, und ich gab ihm eine Zusammenfassung meiner Erfahrungen während meines Aufenthaltes bei den Eskimos. Er zeigte daran grosses Interesse und erzählte mir von seinen Reisen an die Küste.

Auf einmal schaute er wieder ganz aufmerksam auf seine Instrumente. Plötzlich änderte er seinen Kurs um mindestens zehn Grad nach Steuerbord und stabilisierte das Flugzeug auf seinem neuen Kurs.

«Wir müssen hier südwestlichen Wind haben, ich war mindestens 50 Meilen neben meinem Sollkurs. Ich fühlte doch all die Zeit über, dass es wärmer wurde, aber ich schenkte dem keine Beachtung. Aber es macht nicht viel aus, wir sind gut vorangekommen und sind jetzt nur noch etwa 60 Meilen von der Insel und 150 von Wijstad entfernt, wo wir landen werden.»

Auf dem *Pathfinder* konnte ich den dunklen Fleck zuerst genau in der Mitte auftauchen sehen, nach der Kurskorrektur stand er nun links von der Mittellinie. Ein paar Minuten später klarte das Wetter auf, und kurz darauf sahen wir die Insel. Der dunkle Fleck auf dem Papier wurde breiter und überdeckte zunehmend mehr und mehr Winkelgrade. Ich war überrascht, eine solch grosse Insel hier zu sehen, von der ich vorher noch nie gehört hatte. Sie schien mir fast 200 Kilometer breit zu sein, sie erstreckte sich, so weit ich blicken konnte. Jetzt war das Wetter klar, nur gegen Norden hin war noch ein Rest des Nebels zu sehen, der uns den ganzen Tag über begleitet hatte. Die hohen Berge, welche wir schon aus einiger Distanz gesehen hatten, umflogen wir südlich und flogen über Land, eine hügelige Landschaft ohne nennenswerte Bergketten.

Etwa eine halbe Stunde nachdem wir den Ozean hinter uns gelassen hatten, flogen wir auf einer Höhe von schätzungsweise hundert Metern über eine kleine Bucht, und ich erkannte in der auftauchenden Landschaft zwei kleine Städte oder Dörfer, die eine an der Bucht gebaut, die andere nahe an der Küste des Ozeans, auf einer kleinen Halbinsel. Diese Letztere war weit grösser und hatte mehrere längliche Gebäude entlang der Wasserlinie. Elmer erklärte mir, dass das Alt- und Neu-Wijstad sei. Ich konnte auch ein Bahngeleise erkennen, das ins Innere der Insel führte. Mein Führer flog an die Stadt heran, zog dann einen Bogen und drehte in den Wind, worauf er eine gute, sanfte Landung vollbrachte auf einem fast ebenen Gelände im Norden der Stadt. Ein paar Kinder rannten herbei, um uns zu begrüssen, als wir vom Flugzeug herunterstiegen, und mit ihrer Hilfe war das Flugzeug bald sicher verstaut in einem der Hangars.

Begegnung mit den Bewohnern von Jilona, über gutes Essen und Methoden, fremde Sprachen zu lernen

Als ich mit Elmer in Richtung der Stadt ging, sah ich zwei Männer auf uns zukommen, denen mich Elmer kurz vorstellte. Einer war etwa 25 Jahre alt, das war Dekker Storen, der Sohn des Gouverneurs, der ja meine überraschende Reise veranlasst hatte. Beim andern stellte sich heraus, dass er Captain Wermus hiess. Der hatte eine wichtige Stellung auf der Insel: Er war mit dem Export und Import beauftragt, oder wie man auf Jilona sagt, er war der ‹Käufer›. So viel erklärte mir Dekker bei unserer ersten Begegnung, aber später freundete ich mich mit dem Captain selber an – welch eine wertvolle Begegnung, wie sich später herausstellte!

Dekker war ein Mann von überdurchschnittlicher Grösse, feingliedrig gebaut. Ich erinnere mich, wie ich mich bei unserem ersten Treffen von ihm sehr angezogen fühlte. Seine Begrüssung war freundlich, aber es war darin auch eine Ernsthaftigkeit, fast möchte ich sagen etwas Melancholisches, das ich mir nicht erklären konnte.

Möglicherweise fiel es mir besonders auf, da Captain Wermus das genaue Gegenteil davon war und einen besonders jovialen Eindruck machte. Sein Gesicht war rot, ein nettes Lächeln überzog es, und als wir uns begrüssten, konnte ich gut sein glückliches Strahlen sehen in seinen hellen Augen. Beide Männer sprachen ausgezeichnet Englisch. Elmer hatte mir während der Reise im Flugzeug erklärt, dass ihre Sprache zur skandinavischen Familie gehörte. Trotzdem sprachen diese beiden Männer mit Leichtigkeit und ohne Akzent Englisch.

Elmer verliess uns bald, und wir gingen durch eine der Strassen des Ortes. Sie war sauber gepflastert, flankiert auf beiden Seiten mit gut gebauten, meist zweistöckigen Steinhäusern. Fast alle standen in einem kleinen Garten, wo die ersten Frühlingsblumen zu blühen begannen. Ich bemerkte auch, dass einige einen Gemüsegarten hatten. In anderen sah ich ein paar Rhabarberpflanzen, wie sie lustig hervorlugten auf kräftigen, dicken Stängeln.

Nach wenigen Minuten erreichten wir das Haus des Gouverneurs. Diese Residenz war grösser als die meisten Häuser, hatte aber auch nur zwei Stockwerke. Eigenheiten in der Konstruktion zeigten mir, dass das Haus in der Vergangenheit mehrere Male umgebaut worden war, auch waren im Lauf der Zeit Gebäudeteile angefügt worden. Speziell ein Flügel zeigte besonders klar, dass er erst kürzlich angebaut worden war.

Captain Wermus trat mit uns ein, verliess uns aber nach einem kurzen Wortwechsel mit Dekker. Ich verstand, dass er mit dem Gouverneur etwas Geschäftliches besprechen wollte. Man betrat das Haus durch eine Doppeltür, dahinter folgte eine weite Halle von der Höhe beider Stockwerke. Auf der einen Seite befand sich eine breite, steinerne Treppe, welche in den oberen Stock zu einer Art Galerie führte, welche sich ringsum zog, nur über dem Eingang war sie unterbrochen. Bilder und Drucke hingen verteilt. An der Wand zwischen den Türen, welche zu den verschiedenen Räumen führten, waren Kleiderhaken befestigt, daran hingen Tücher und Mäntel durcheinander. Ein grosser Teppich und viele Felle bedeckten den Boden, in der Mitte stand ein grosser Tisch, darum Stühle verschiedener Herkunft, das alles gab der Halle einen wohnlichen Aspekt.

Als wir eintraten, brannte im Kamin ein kleines Feuer, und die Temperatur war sehr angenehm. Mein Gastgeber wandte sich mir zu und sagte: «Ich hoffe, Sie fühlen sich hier wie zu Hause. Ich will Ihnen gleich zeigen, wo Sie wohnen können.»

Darauf folgte ich ihm die Treppe hinauf. Vom Balkon öffneten wir eine Tür, und die führte auf einen Gang, der wohl zum neuen Flügel gehörte, den ich zuvor bemerkt hatte. Wir traten in einen Aufenthaltsraum, von welchem eine andere Tür zu einem Schlafraum dahinter führte. Wir setzten uns, und ich sah, dass eine Seite des Raumes voller Bücherregale war, alle gefüllt mit Büchern.

«Ich habe heute einige meiner Bücher hierher gezügelt», sagte Dekker, «und so denke ich, Ihre untätigen Momente werden Sie nicht allzu sehr belasten. Ich habe auch ein paar Kleider vom Laden hierher gebracht, und wenn Sie sich etwas erfrischen wollen, wollen wir dann bald etwas essen, denn ich denke, Sie müssen recht hungrig sein.» Danach zeigte er mir ein gut eingerichtetes Badezimmer und liess mich allein.

Ich muss gestehen, dass ich sehr froh war, wieder einmal in einem komfortablen Quartier zu sein. Auf einer Expedition wie der auf der *Nordstern* erduldet man andauernd eingeschränkte Annehmlichkeit, ohne dass man viel darüber nachdenkt. Aber wenn man dann wieder in Kontakt kommt mit Komfort und Bequemlichkeiten der Zivilisation, begrüsst man sie genauso vergnüglich wie einen lange vermissten Freund. Unnütz zu sagen, dass ich mein Bad genoss.

Ich konnte mir die Tatsache nicht erklären, dass die Kleider, welche Dekker in meinem Raum bereitgelegt hatte, genau meiner Grösse entsprachen, aber ich schätzte es. Da war ein Satz Unterwäsche, Hemden und ein navyblauer Anzug – alles passte und sass mir perfekt. Die beiden Paar Schuhe, die ich anprobierte, schienen mir zwar etwas zu gross, aber das kleinere tat es für den Moment. Als ich mich im Spiegel betrachtete, fand ich mich ganz präsentabel, und so stieg ich die Treppe hinunter und traf in der Halle auf Dekker.

«Meine Schwester sagt, sie beeile sich mit dem Nachtessen, da Sie doch so hungrig sind», sagte er.

Aber ich unterbrach ihn: «Ich habe schon oft länger warten müssen, und ich halts noch eine gute Weile aus. Aber sagen Sie, wie haben Sie denn das genaue Mass meiner Kleider herausgefunden? Ausser den Slippers passt alles wie angegossen.»

«Oh, ich habe Ihnen nicht gesagt, dass ich Sie schon einmal in New York gesehen habe. Es war vor etwa drei Jahren, da standen Sie vor mir während mindestens zwei Stunden, als Sie dort einen Vortrag hielten», sagte er. «Aber lassen Sie uns jetzt hineingehen und meinen Vater begrüssen. Captain Wermus ist schon drin, und wo er ist, da ist für gewöhnlich auch eine gute Flasche, und ein Glas mit etwas Erheiterndem drin wird auch Ihnen guttun.»

Darauf öffnete er die Tür zu einem Raum, der wie ein Studierzimmer oder Büro aussah. Es war ein heller, weiter und angenehmer Raum.

Dekker stellte mich seinem Vater vor, einem Mann wohl etwas über fünfzig, gut erhalten und kräftig, mit einem klaren Blick und charaktervollen Ausdruck. «Mein Sohn hat mich über seinen erwarteten Gast bereits unterrichtet, herzlich willkommen.

Was hast du gesagt, Vater?», fragte er, indem er sich in Richtung des Fensters drehte.

Ein alter Mann mit einem weissen Bart sass dort, zurückgelehnt in einem Lehnstuhl. Er streckte seine Hand aus: «Ich bin sicher, ich schätze die Gesellschaft, und wenn es Ihnen nichts ausmacht, eine Stunde oder so zusammen mit einem alten Mann wie mir zu verbringen, dann werden wir gute Freunde sein.»

Die Begrüssung war freundlich. Ein warmes Gefühl für diese Männer kam in meinem Herzen hoch, von denen ich doch noch so wenig wusste. Wir setzten uns. Die Flasche, welche Dekker zuvor erwähnt hatte, stand da, *sure enough*, und es war alter Madeira. Aber was für ein Madeira! Sein Bouquet war diskret, fein und hinterliess in meinem Innern einen warmen Schauer, als hätte ein Sonnenstrahl mich gestreift und gewärmt. Ich konnte einen Seufzer nicht unterdrücken, oder eher eine Art befriedigtes Stöhnen.

Der Grossvater beim Fenster brach in Gelächter aus: «Gewiss, Captain Wermus kennt sich gut aus», sagte er lachend.

«Wenns so ist, weshalb nehmen Sie nicht selber auch ein Glas?», sagte der Captain jovial.

«Also, gut», kam es vom Lehnstuhl her. «Ich möchte mit unserm neuen Freund, Mr Bell, anstossen. Auf Ihre Gesundheit, und herzlich willkommen, Mr Bell.»

Darauf sprachen wir über den Madeira. Es war eine alte Flasche, so viel sah man auf den ersten Blick. Mit roter Farbe stand darauf «BUAL» geschrieben, darunter die Jahreszahl 1842. Am unteren Rand der Flasche war eine Etikette, arg verblichen, aber der Name der Firma, «A.C. Cunha», war immer noch lesbar, daneben etwas portugiesisch Geschriebenes, das ich nicht verstand.

«Sie sind wohl noch nie in Madeira gewesen?», fragte darauf Captain Wermus.

«Nein, aber einmal verschlug es mich auf die Azoren auf einer Reise ins Mittelmeer.»

«Wenn Sie Glück haben, können Sie mit mir ein Schiff nehmen während des Sommers. Ich rechne damit, etwa im Juli dort zu sein.»

Wir sprachen englisch miteinander. Als ich mit Dekker in diesen Raum gekommen war, hatte ich bemerkt, dass der Captain sich mit dem Gouverneur in der nordischen Sprache unterhielt, aber als ich ihm vorgestellt wurde, wechselten sie auf Englisch. Ich sprach ihnen mein Kompliment über ihre guten Englischkenntnisse aus.

«Diese Fertigkeit haben wir uns fast unbeabsichtigt angeeignet», sagte der Gouverneur. «Vor vielen Jahren haben wir auf der Insel eine Bibliothek aufgezogen mit vielen verstreuten Filialen. Unsere Sprache wird nur noch hier verwendet, deshalb war auch die

Literatur in unserer eigenen Sprache sehr beschränkt, und es wäre eine immense Arbeit gewesen, so viele Übersetzungen zu machen. Deshalb entschlossen wir uns, Englisch und noch eine andere Sprache an all unseren Schulen zu lehren. Dieser Plan hat sich bewährt. Captain Wermus spricht unterdessen acht bis neun Sprachen aus verschiedenen Ländern, die meisten davon fast so gut wie ein Einheimischer.»

Ich gratulierte Captain Wermus und fragte ihn, ob es nicht sehr schwierig sei, sich die Kenntnisse so mancher fremder Sprachen anzueignen und dann nicht alles durcheinander zu bringen.

«Für mich», sagte er, «war nichts einfacher als das. Dies nicht etwa deshalb, weil mein Gedächtnis besonders gut wäre. Aber ich habe da meine Meinung geändert: Denn ich erinnere mich noch, wie ich das in der Schule doch sehr schwierig fand und es nie über den Durchschnitt hinaus brachte.

Doch als ich noch ein junger Kerl war, nahm ich an einer Expedition ins Innere Afrikas teil. Wir wohnten für eine Zeit lang bei einem Stamm genannt Barotse, am Oberlauf des Sambesi. Zu jener Zeit war noch nie eine Grammatik ihrer Sprache geschrieben worden, möglicherweise existiert auch heute noch keine, aber ein französischer protestantischer Missionar, Monsieur Coillard in Lialui, welcher Land und Leute sehr gut kannte, sagte mir, es sei der Sprache der Bassutos sehr ähnlich, eines Volkes, welches mehrere hundert Kilometer südlicher lebt. Die Sprache der Bassutos heisst Sessuto. In jenen Sprachen ändert jeweils die Vorsilbe, nicht wie in unseren Sprachen die Endung. Monsieur Coillard gab mir eine Grammatik, und ich begann, sie zu studieren. Aber alle

Mühe war vergeblich, nichts ging in meinen Kopf hinein, wie ich es auch anstellte. Bald gab ich den Versuch auf, ich sah ein, es war nutzlos und ein undankbarer Versuch. Natürlich pickte ich während meines Aufenthaltes dort dieses und jenes Wort auf von den Eingeborenen, und es fehlte nicht viel, so hätte ich auch ein einfaches Gespräch führen können, zwar nicht ganz korrekt, so viel wusste ich. Hier ein Wort und dort ein Wort, unterstützt durch eine Geste, die meiner Aussage Ausdruck zu verhelfen suchte, das war meine Konversation.

Die Eingeborenen jenes Landes können ausgezeichnet mit Booten umgehen, aber ihre Boote sind die bekannten Einbäume, und die könnten gelinde gesagt noch tüchtig verbessert werden. Bald baute ich ein Flussboot mit einem flachen Boden, das ich mit einem quadratischen Segel ausrüstete, womit man vor dem Wind fahren konnte. Obwohl das Land während vier Monaten im Jahr über Tausende von Quadratkilometern etwa einen halben Meter tief überschwemmt war, hatte ein Segelboot mit Kiel oder eines mit einem Schwert keine Chance, denn es wachsen zu viel Gras und andere Pflanzen bis zur Wasseroberfläche. Aber mein Boot wurde bald beliebt während unserer Expedition, und ich fuhr oft mit den Eingeborenen den Fluss etwa 300 Meilen hinauf und hinunter. So erlernte ich mehr Worte.

Eines Abends fühlte ich mich etwas fiebrig und legte mich in meinem Zelt zur Ruhe, konnte aber keinen Schlaf finden und lag wach da. Zufällig dachte ich an meine Grammatik, zündete meine Petrollampe an und begann, darin zu lesen. Diesmal gingen mir die Augen solchermassen auf, dass ich ganz überwältigt war. Man könnte sagen, diese Grammatik ergoss sich gleichermassen in mich hinein, oder anders gesagt, ich sog sie auf, wie ein trockener Schwamm Wasser aufnimmt. Jetzt hatte ich begriffen.

Als ich meinen ersten Versuch gestartet hatte, war da noch kein Fundament, worauf ich aufbauen konnte. So war mir die Grammatik unnütz erschienen. Jetzt aber bildeten all die aufgeschnappten Worte eine Grundlage. Indem ich sie angewandt hatte, wurde mir ihr Klang vertraut, sowie auch ihre Bedeutung. Und dies war ohne bewusste Anstrengung meinerseits geschehen. Zu meiner angenehmen Überraschung entdeckte ich, dass mein Hirn nicht so blöd war, wie ich nach meinen ersten, nutzlosen Versuchen gedacht hatte. Nur war meine Methode roh und wenig effektiv gewesen.

Innert kürzester Zeit machte ich jetzt gute Fortschritte, so dass mir Monsieur Coillard anlässlich meiner Rückkehr von den Viktoriafällen sein aufrichtiges Kompliment aussprach. Er meinte, wenn ich auf seiner Missionsstation bleiben würde, könnte ich bald schon in der Eingeborenensprache Gottesdienste halten. Bald darauf stattete ich dem König der Barotse, Lewanika, einen Besuch ab, und ich konnte mich mit ihm ohne Dolmetscher unterhalten. Ich war bei dieser Gelegenheit sogar der Übersetzer zwischen ihm und den andern Mitgliedern unserer Gesellschaft, darunter der Expeditionsleiter.

Seit damals habe ich vieles wieder verlernt, aber ich habe seitdem nie mehr eine Grammatik angefasst, bevor ich nicht ein paar Worte jener Sprache aufgeschnappt hatte, die ich lernen wollte. Und ich habe oft gedacht, dass das Erlernen einer neuen Sprache sehr dem Spielen eines neuen Musikinstruments gleicht. Wenn man zum Beispiel mit dem Violinspiel beginnt, und man dabei versucht, aus dem Gedächtnis, ohne Noten, eine alte Melodie zu spielen, dann erwischt man oft die falschen Töne mit den Fingern. Schrittweise lernt man dann, dieses spezielle Stück zu spielen, dann, mit etwas mehr Übung, lernt man auch, irgendeine bekannte Melodie zu spielen, und schliesslich kann man die Noten mit derselben Leichtigkeit zum Ausdruck bringen wie beim Singen. Diese verschiedenen Lernschritte gleichen stark den Schritten beim Erlernen einer neuen Sprache. Von Anfang an stellt sich der Fortschritt fast unbewusst ein.»

In diesem Augenblick öffnete sich die Tür und eine Dame betrat den Raum, die mir als die Gattin des Gouverneurs vorgestellt wurde. Sie schien etwa gleich alt zu sein wie er, eine gemütliche, behäbige Matrone, mit einem Gesichtsausdruck, den wir für gewöhnlich mit philanthropischen Menschen verbinden.

«Sie müssen sehr hungrig sein, also gehen wir essen», sagte sie.

Die ganze Gesellschaft hatte sich bei ihrem Erscheinen erhoben, alle ausser dem Grossvater, der immer noch in seinem Lehnsessel sass. Dekker und seine Mutter gingen zu ihm, aber in diesem Moment ging die Tür wieder auf und eine junge Frau erschien, die sogleich meine Aufmerksamkeit auf sich zog.

Stellen Sie sich eine blonde Venus von Milo vor, mit einem fröhlichen, freundlichen Ausdruck auf dem Gesicht: Das ist sie. Sie war grösser, als das zarte Geschlecht üblicherweise ist. Ich erinnere mich nicht mehr, wie sie bei jener Gelegenheit gekleidet war.

Dekker stellte sie mir als seine Schwester Ollie vor, aber die Vorstellung dauerte nur kurz, denn sie war gleich damit beschäftigt, dem Grossvater dabei behilflich zu sein, aus seinem Stuhl aufzustehen. Des alten Herrn Beine gaben nach, aber als er einmal aufgestanden war und seinen Stock in der Hand hielt, war er ganz gut fähig, selbständig weiterzugehen.

Das Esszimmer war geräumig und schön eingerichtet. Wir trafen dort zwei weitere Damen, die mir als Mrs Grabo und ihre Tochter Rose vorgestellt wurden. Mrs Grabo war verwitwet, und die zwei waren nach dem Tod von Mr Grabo bei den Storens eingezogen, wie es auf der Insel üblich war. Sie waren weite Verwandte des Gouverneurs. Ausser gelegentlichen Hilfskräften gab es in der Familie keine Bediensteten; überhaupt war das auf der ganzen Insel so üblich, wie ich später herausfand.

Das Nachtessen war ausgezeichnet. Da gab es Suppe, dann einen grossen Nagelrochen, dazu wurde Weisswein aus Graves serviert. Als Nächstes folgte eine riesige geröstete Gans, und als die hereingebracht wurde, erhob sich Dekker und brachte eine Flasche Burgunder vom Schaft an der Wand, aber der Captain, der nicht zurückstehen wollte, erhob sich ebenso und griff nach einer anderen, und abwechselnd füllten sie unsere Gläser mit diesem ausgezeichneten Wein.

Captain Wermus, so erfuhren wir, war erst früh an diesem Morgen mit seinem Schiff eingelaufen und den Tag über beschäftigt gewesen, all die Belege, Papiere und Rechnungen seiner Ladung zu regeln, so dass er erst gegen Abend Zeit fand, dem Gouverneur

seine Aufwartung zu machen. Er war eine Bereiche-
rung für die Gesellschaft, besonders passte er zum
Gouverneur und seinem Vater. Natürlich war er ein
angenehmer Unterhalter, der die Gesellschaft bei
guter Laune hielt, ohne dabei die Konversation zu
dominieren. Ich hatte den Eindruck, als sei er ein
häufiger und willkommener Besucher, oft ungeduldig erwartet, da er Neuigkeiten von der Aussenwelt
brachte.

Nach dem Nachtessen bekamen wir in einem an-
grenzenden Aufenthaltsraum schwarzen Kaffee mit
verschiedenen Schnäpsen serviert, und der Gouverneur befragte mich über meine Arbeit auf der Expedition in die Arktis. Captain Wermus brachte mehrere Stapel von Zeitschriften und Zeitungen. Diese
wurden eifrig durchlesen, besonders von den Damen,
welche bei dieser Tätigkeit ihre Stickereien und ihre
anderen Verpflichtungen für den Abend ganz ver-
gassen. Alles in allem hatte ich einen äusserst ver-
gnüglichen Abend, und ich bemerkte, dass auch der
Grossvater den Gesprächen mit grosser Aufmerksamkeit folgte, obwohl er sich dabei selten selbst einschal-
tete. Offensichtlich schätzten ihn hier alle sehr und
begegneten ihm mit grosser Hochachtung.

Captain Wermus aber musste uns bald darauf
wieder verlassen, und wenig später suchten auch wir
unsere Betten auf. Dekker kam mit mir hinauf.

«Mr Storen», begann ich, «ich fühle mich wie der
Held in einem Märchen aus *Tausendundeiner Nacht*.
Der Zufall hatte seine Hand im Spiel, und Sie haben
beschlossen, mich hierher holen zu lassen. Aber
warum ich wirklich hier bin, oder warum Sie solches
Interesse an meiner Person haben, davon habe ich

nicht die geringste Ahnung.» Ich war entschlossen, bei dieser Gelegenheit herauszufinden, so viel ich nur konnte. Diese ganze Angelegenheit schien mir sehr mysteriös, und das passte mir nicht.

Er aber war nicht in Eile und sagte nur: «Ich hätte lieber, wenn Sie mich nicht ausfragen würden, Sie werden all das früh genug herausfinden. Bis dann werden Sie hier genug Arbeit finden, die Sie interessiert.»

Ich dachte überhaupt nicht an Arbeit! «Ein Grund dafür war», entgegnete ich, «und so viel habe ich schon herausgefunden: Ich denke, Sie wollten diese Lampe mit dem Telefon nicht in meinen Händen lassen.»

«Sehr richtig», sagte er, «aber es wäre mir lieber, Sie würden den anderen, wichtigeren Grund selber herausfinden. Können wir es für den Moment nicht darauf beruhen lassen? In der Zwischenzeit will ich Ihre geistigen Interessen zufriedenstellen. Wenn Sie irgendwann weggehen wollen, dann können Sie das tun, sobald ein Schiff ausfährt, oder Sie können mit Captain Wermus nach Europa fahren, oder ich kann ein Schiff mit Ihnen nach Schottland oder England schicken oder selbstverständlich nach irgendeinem anderen Land Ihrer Wahl. Ich sage Ihnen das nur, damit Sie nicht den Eindruck bekommen, als seien Sie hier so etwas wie mein Gefangener. Ich habe keine Pläne in diese Richtung. Der Grund, weshalb ich Sie hier haben möchte, ist ein sehr wichtiger und würdiger, und ich hoffe, dass Sie daran nie zweifeln werden, sobald Sie mich besser kennenlernen.»

Bei diesen Worten schien es mir, dass der Ausdruck von Melancholie, den ich bei unserer ersten

Begegnung bemerkt hatte, stärker erschien, als ob irgend ein tragisches Schicksal ihn gezeichnet hätte, wie einen neuen Hamlet mit einem schicksalhaften Geheimnis, das über ihm schwebte.

Darauf vergass ich all die trüben Gedanken. Auch Dekker war wieder fröhlich. Sein melancholischer Ausdruck scheint bei ihm natürlich zu sein, und er trägt ihn, wie andere eine rote Nase haben, oder grosse Ohren oder irgendeine andere Besonderheit, die nicht zu ändern ist.

«Ich werde tun, was Sie sagen», entgegnete ich nach einer Weile, «aber ich bin froh, dass wir darüber reden konnten; ich fühle mich jetzt viel wohler. Aber aus welchem Grund bringen Sie dieses wunderbare Telefon nicht auf den Weltmarkt? Sie könnten das doch leicht durch eine Drittperson tun, falls Sie nicht wollen, dass der Erfinder bekannt wird. Das könnte Ihnen unermesslichen Reichtum einbringen.»

«Wissen Sie, Geld ist mir nicht so wichtig. Wenn Sie die Bewohner unserer Insel besser kennen, dann werden Sie bemerken, dass Reichtum für sie nicht gut wäre. Sogar Captain Wermus kam zu diesem Schluss, sogar er als Materialist. Er führt alle Arten von Komfort und sogar Luxusgegenstände ein. Aber wir werden noch genügend Zeit finden, ein anderes Mal über die Probleme dieser Insel zu reden. Ich sage jetzt gute Nacht, und schlafen Sie gut!»

Darauf zog er sich zurück, und ich ging in mein Schlafzimmer. Ich hatte ein elektrisches Licht, welches mit einer Schnur, die über meinem Bett hing, angezündet werden konnte. Denselben Komfort hatte ich in anderen Räumen hier gesehen. Aber das Bett! Wie weich, wie luxuriös es war! Ich war an jenem

Abend viel zu müde, um es genau zu untersuchen, aber ich schwor mir, ich würde dies bald tun. Welch ein Gefühl der Behaglichkeit! Bald hatte mich Morpheus[3] in seinen Armen und entliess mich erst am Morgen wieder, als ich trotz meiner Benommenheit spürte, dass sich Leben im Haus regte und die Leute schon aufgestanden und beschäftigt waren.

---

3 Im Originalmanuskript steht ‹Orpheus›, doch dies macht wenig Sinn. Vermutlich meint Anker den griechischen Gott der Träume, Morpheus.

Auf Fischfang

Bald war auch ich wieder unten in der Eingangshalle, wo Ollie gerade in einer Zeitschrift las. «Ich hoffe, Sie haben gut geschlafen, Mr Bell.»

«Nie in meinem Leben besser, und bevor ich hier abreise, möchte ich einen Plan Ihrer Betten haben, denn ich glaube, eine komfortablere Schlafgelegenheit habe ich nie gehabt.»

«Abgemacht», antwortete sie, «aber lassen Sie uns jetzt frühstücken gehen.»

Darauf kamen auch die anderen Mitglieder der Familie heraus, einige vom oberen Stockwerk, andere aus dem Arbeitsraum, und als Letzter trat Captain Wermus durch die Haustür ein. Bevor wir den Essraum betraten, sagte Ollie zu mir: «Ich habe hier in der Halle auf Sie gewartet, denn ich möchte Sie warnen: Mein Bruder will Sie zum Fischen mitnehmen.»

Ein Hauch von Belustigung muss über meine Augen gehuscht sein, denn ich dachte an ein Buch über Fische und Spezialitäten aus dem Meer.

Sie aber bremste mich und sagte: «Das ist keine Picknickfahrt, das ist harte Arbeit!»

Darauf tauchte Dekker auf und sah, dass auch wir aufgestanden waren. «Lassen Sie mich einmal Ihre Hände betrachten», sagte er.

Sehr stolz zeigte ich sie ihm, denn sie waren hart wie Stahl.

«Sie schaffen es», war sein Kommentar. «Siehst du, Schwester, das ist kein überempfindlicher Dandy.»

«Aber übertreib nicht schon am ersten Tag», sagte sie.

Das Nachtessen vom Vorabend war sehr ausgiebig gewesen, doch das Frühstück war es nicht weniger. Alle waren in guter Stimmung und taten sich an den herrlichen Speisen gütlich, die vor uns aufgetragen wurden. Es gab Omeletten, Haferbrei, geräucherten Lachs und verschiedene Pasteten und Kuchen, die ich damals noch nicht kannte. Dazu wurde ein ausgezeichneter Kaffee mit Rahm serviert.

«Mr Bell», sagte daraufhin Captain Wermus, «Sie tun gut daran, viel Ballast aufzunehmen, denn wenn Sie zum Fischen mitgehen, dann bekommen Sie wahrscheinlich wenig bis heute Abend.»

Ich befolgte seinen Rat nach bestem Vermögen, aber Mrs Storen schien noch nicht zufrieden, denn sie machte die Bemerkung, sie würde mir einen kleinen Lunch einpacken. Später fand ich heraus, dass die Leute hier auf der Insel selten mehr als zwei Mahlzeiten am Tag zu sich nehmen. In der ersten Zeit bekam ich gewöhnlich gegen Mittag rechten Hunger, aber mit der Zeit fühlte ich mich mit der neuen Gewohnheit tagsüber viel besser. Darum waren also auch die verbleibenden zwei Mahlzeiten viel üppiger. Damals war ich froh, dass ich einen Lunch mitbekam.

Mrs Storen konnte sich aussergewöhnlich gut in andere Menschen hineinversetzen und sogar oft ihre innersten Gedanken erraten. Ich habe nie eine Frau gesehen, welche besser ihren Aufgaben nachgegangen wäre als diese wundervolle Gattin des Gouverneurs Storen.

Nachdem das Frühstück vorüber war, nahm Dekker mich in einen Raum mit, wo alle möglichen Gegenstände aufbewahrt wurden. Ganz offensichtlich war das ein Junggesellenraum, und dort hielt Dekker sich die meiste Zeit über auf. Jetzt rüstete er mich mit einem Paar Segelschuhen aus, einer dicken, wollenen Jacke und einer warmen Mütze. Er selbst war ähnlich ausgerüstet.

«Ich nehme an, Sie sind ein guter Seemann; zumindest hoffe ich dies.»

«Keine Angst», sagte ich.

Wir gingen hinaus zu den Schiffsstegen, ohne dabei unseren Lunch zu vergessen. Bald kamen wir dort an, und ich erlebte meine nächste Überraschung.

Einige von Ihnen, meine Herren von der geographischen Gesellschaft, die mich näher gekannt haben, wissen bereits, dass ich ein Schiffsfanatiker bin. Ich erkenne ein gutes Schiff, wenn ich es nur schon ansehe. Aber da stand ich und erwartete, eine Flotte von schwerfälligen Fischerbooten zu sehen, gute, schlechte und undefinierbare. Was mir da aber unter die Augen kam, war eine Flotte der schicksten kleinen Dinger, die ich je gesehen habe. Viele davon waren an Land gezogen worden, so dass ich sie nach Herzenslust inspizieren konnte. Von diesem Moment an wurde ich gleich dreimal so schiffsfanatisch wie zuvor, nein, was sage ich, zehnmal, nein, hundertmal so stark wie zuvor!

Seit damals habe ich kein einziges Mal den Bauplan eines Schiffes gesehen, ohne nicht sogleich davon zu träumen, an Bord zu gehen, sein Ruder in die

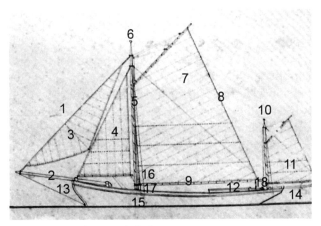

Schiffsteile bei alten Segelschiffen:

1   Sprietstag
2   Bugspriet
3   Klüversegel
4   Vorsegel (auch Fock, Genua), mit Stagreitern am Vorstag angeschlagen
5   Mast (gepfeilt, wenn vorgespannt)
6   Masttop
7   Grosssegel (hier Gaffel)
8   Achterliek (= hinterer Saum am Segel, mit eingenähtem Seil)
9   Unterliek am Baum angeschlagen
10 Besanmast
11 Besansegel
12 Ruderpinne
13 Bug
14 Heck
15 Rumpf
16 Wante (hält den Mast seitlich)
17 Grossfall (zieht das Segel hoch)
18 Grossschot (regelt den Winkel des Segels zum Boot)

Weitere wichtige Begriffe:
•   linke Seite = Backbord
•   rechte Seite = Steuerbord
•   achterlich = hinten, von hinten
•   voraus = vorn, von vorn
•   querab = seitlich
•   Schot = Seil
•   Schott = Querwand im Schiff zur Unterteilung
•   Bagskiste = Tiefes Fach zum Verstauen von Material

Hand zu nehmen und es in gutem und schlechtem Wetter auszuprobieren. Seither erlebe ich keinen Moment, ob wach oder im Traum, in dem ich nicht an Boote, die ich gekannt habe, denke und in dem ich mir nicht Methoden ausdenke, wie ich sie ausprobieren könnte, wie ich sie schneller machen könnte, wetterfester, stabiler unter dem Segel, sensibler auf das Ruder reagierend.

Darin hatten Dekker und ich etwas gemeinsam. Mein Herz flog ihm geradezu entgegen. «Welches?», fragte ich.

Er wies auf ein Schiff, getakelt wie ein Schoner, mit einem hohen Bug und einem tiefen Kiel, der gegen das Heck hin ganz schmal auslief. Das tiefe Ruder war ausgefahren und lag im Boot. Das Rigg war ähnlich dem unserer Austernfischer, der Mast weniger gepfeilt und das Grosssegel kleiner.

Das Meer vor der Bucht war recht ruhig, aber eine angenehme Brise blies landwärts und wir konnten die Brandung des Ozeans an einem Riff vorbeistreichen sehen, das zu unserer Linken lag, etwa eine Meile entfernt. Viele Schiffe waren schon draussen, wir fehlten noch. Dekker war sehr damit zufrieden, wie ich zuerst das Vorsegel und dann den Besan hisste, währenddessen er zuerst das Hauptsegel hochzog, als das Boot den Bug noch gegen den Wind gerichtet hatte.

So gelangten wir zur grossen Brandungswelle beim Riff. Auf dem Boot befanden sich keine Netze oder Haken, und als ich ihn danach fragte, erklärte mir Dekker, dass wir hinausfuhren, um die Netze zu heben, die sie tags zuvor gesetzt hatten, und sie dann wieder erneut herunterzulassen. Er zeigte auf einen

Korb, der auf dem Schiffsboden lag, und meinte, dies sei die beste Art, in dieser Jahreszeit Fische zu fangen, und sie werde bis zum 15. Juli benutzt. Der Kapelan werde dann an einen andern Ort weiterwandern und hier nicht mehr gesichtet.

Unser Schiff war etwa siebeneinhalb Meter lang, weniger als zweieinhalb breit, alles in allem ein ausgezeichnetes Beispiel der Schiffsbaukunst. Aber ich werde häufiger auf solche Beschreibungen zurückkommen – öfter als einigen von Ihnen wahrscheinlich lieb ist. Aber ich muss hier festhalten, dass alle Einwohner von Jilona, sogar die Bauern, Schiffsfanatiker der schlimmsten Sorte sind. Sicher, einige waren auch an anderen Themen interessiert wie etwa der Fliegerei oder der Elektrizität, gewiss, aber ihr Enthusiasmus für solche Dinge hielt sich in Grenzen verglichen zur Leidenschaft, die sie für ihre Schiffe entwickelt hatten. Am Ende meines Aufenthaltes dort, bevor ich sie verliess, glaube ich, da war ich darin noch schlimmer als sie. Mein Interesse für andere Probleme hatte sich merklich abgekühlt. Naturwissenschaft? Pffft! Gebt mir Schiffe. Geologie? Unsinn, gebt mir lieber ein Schiff. Für einige Leute, vielleicht sogar unter den Akademikern, an die ich diesen Report richte, mag ein Schiff nur ein totes Objekt sein, ein mit Holz beplanktes Geripppe, mit einem Mast, Spieren und Segeln. Dekker und ich aber, genau wie die Bewohner von Jilona, wissen das besser. Für uns sind Boote lebendige Wesen.

Am Bug des Schiffes, welches wir gerade passierten, sahen wir den Namen aufgemalt: *Harmony*. Elmer, mein Begleiter des gestrigen Tages, steuerte es.

«Hallo, Elmer!»

Er erhob eine Hand zum Gruss und rief mir zu: «Hallo, Jimmy.»

Dekker Storen lächelte. «Ich wusste es doch, die würden Sie sogleich als ihresgleichen annehmen, sobald sie Sie in einem Schiff sehen.

Denken Sie nicht auch, dass *Harmony* ein guter Name für ein Boot ist? Ich meine, der Name passt ausgezeichnet, denn wenn ein Schiff nicht in Harmonie mit der Natur ist, mit Wind und Wellen, dann ist es dem Untergang geweiht. Wenn wir manchmal in einem Raum singen, wo ein Klavier steht, dann können wir hören, wie die verschiedenen Saiten auf unsere gesungenen Töne Antwort geben, ohne dass jemand eine Taste drückt. Auf ähnliche Weise antwortet ein Schiff auf die Stimmung der Natur. Schauen Sie nur, wie es auf die stetige Brise antwortet, oder wie es reagiert, wenn der Wind in einer Bö zunimmt oder in einer Flaute abnimmt. Und sehen Sie, wie es sich benimmt, wenn der Wind abflaut und die Dünung nicht der Windstärke entspricht, aus welcher sie entstanden ist. Sicherlich haben Sie all dies schon bemerkt und wie das Boot in seinem Zusammenspiel mit der Natur in solchen Augenblicken fast wie verstimmt scheint, wenn es beginnt zu schlingern mit flatternden Segeln, offensichtlich nicht wissend, was es tun soll.»

Hier war ein Schiffsfan nach meinem Geschmack, nur schon deshalb würde ich meinen Aufenthalt hier in Jilona schätzen.

Jetzt waren wir weit draussen auf dem offenen Meer in einer steten Brise, das Boot lief schnell, aber zuvor war da noch einen Moment lang Flaute mit umlaufenden Winden, die aus allen Richtungen kamen. Dies jedoch dauerte nicht lange. Bevor wir drei Meilen weit gekommen waren, zählte ich 30 Schiffe, einige am Hinaussegeln, andere lagen still, offensichtlich mit ihren Reusen beschäftigt, die Segel angeschlagen und die Bäume hochgezurrt, um Platz zu schaffen. Jetzt bat mich Dekker, das Steuer zu übernehmen, während er nach den Bojen der Reusen Ausschau hielt. Bald machte er sie aus und wies mich in die Richtung, während er im Bug stand. Als wir bei einer Boje ankamen, drehte ich das Schiff in den Wind, mein Begleiter fasste die Leine und belegte sie auf einer Klampe im Bug. Danach fierte er das Stagsegel und löste im Nu alle Stagreiter.

Diese Stagreiter unterschieden sich von den mir bekannten. Hier sah ich wieder ein Konzept, das mir neu war. Sie waren aus einem einzigen Stück hartem Bronzedraht gefertigt, welches einen Ring bildete, dessen Enden sich überlappten. Zwischen den Überlappungen war ein Zwischenraum, gerade so gross, dass der Ring über das Vorstag geschoben werden konnte. Die Stagreiter waren so geformt, dass sie fest mit dem Segel verbunden blieben, wobei sie genau über das Liek des Segels passten.

Nachdem Dekker das Segel mit einem Schlag locker befestigt hatte, löste er das Fall und zog es zum Vormast, wo er anschliessend das Vorsegel löste. Ich tat es ihm gleich mit dem Grosssegel, und bald hatten wir die Bäume hoch genug gezogen, so dass sie uns nicht mehr in den Weg kamen.

«Ich dachte, Sie seien ein Schriftsteller», sagte ich während dieser Operation, «aber jetzt erkenne ich, dass Sie in Wirklichkeit Fischer sind.»

«Jedermann hier auf Jilona ist während dieser Jahreszeit ein Fischer, sogar die Bauern schicken ihre Jungen und Mädchen, damit sie hier für eine gewisse Zeit mitarbeiten. Zurzeit sind es mehr als tausend Leute, die hier in Wijstad mitarbeiten, teils in den Schiffen, teils im Abpackbetrieb.»

Darauf erklärte er mir die Fischerei und öffnete ein anderes Luk ganz vorn im Bug des Schiffes, welches über etwa zwei Drittel seiner Länge ein einfaches Schott hatte. In dieses Loch verschwand ich bis zur Hüfte und begann damit, die Leine einzuziehen. Er hiess mich, die Leine auf der Steuerbordseite zu stauen und Blickkontakt zu ihm zu halten. In der Mitte des Schiffs hatte ich ein senkrechtes Brett gesehen, das von vorn bis hinten lief und welches ich zuerst für ein Kielschwert gehalten hatte. Als ich die Leine einholte, fragte ich ihn, wozu es da sei.

«Es verhindert, dass die Ladung verrutscht, wenn wir nach Hause segeln, und es wird sogar noch nützlicher, wie Sie bald sehen werden.»

An der Leine, die ich einzog, waren Haken befestigt, an kurzen, dünneren Vorfächern befestigt, je etwa zweieinhalb Meter voneinander entfernt, und wie sie an ihm vorbeikamen, nahm Dekker die Haken, und wenn nur noch ein Rest des Köders oder gar nichts mehr dran war, befestigte er einen neuen Hering daran. Er tat dies sehr flink, ohne mich beim Einziehen der Leine zu hindern. Jetzt aber waren ein paar Fische an den Haken, da bat er mich, etwas langsamer einzuholen. Ich beobachtete ihn gelegentlich und bemerkte, dass er den Fisch einfach vom Haken löste, indem er ihn über die Trennwand in der Mitte des Bootes hinüberschwang, wo sie in eine

Ecke fielen, auf den Rücken. In der gleichen Bewegung warf er, nachdem er einen neuen Köder daran befestigt hatte, den Haken wieder aus. Dies alles geschah derart rasch, dass gelegentlich ein Haken ohne Schwung herausrutschte und der Fisch nur gerade auf den Boden herunterfiel. Einige der Fische waren recht gross, und das Boot füllte sich merklich.

Als ich zurückblickte und das Geschick meines Begleiters bewunderte, sah ich einen grossen Kabeljau, der nach einem Haken schnappte, gerade als dieser das Wasser berührte. Dekker meinte, da käme ein ganzer Schwarm, und es sei schade, dass sie nie genügend Männer seien, wenn beim Fischen so günstige Verhältnisse herrschten. Er meinte, vor uns wären wahrscheinlich ebenso viele Fische wie hinter uns. Bald bemerkte ich, dass jetzt fast an jedem Haken ein Fisch sass und das Boot so voll war, dass es bald nicht mehr sicher sein konnte. Dekker bat mich, ihn an der Pinne abzulösen, während er das Grosssegel hisste, welches vorerst im Wind flatterte. Als das getan war, hiess er mich, die andern wissen zu lassen, dass unser Boot voll war.

Wir machten eine kurze Pause, Dekker griff zum Picknickkorb, und wir tranken jeder ein Glas Burgunder, den Mrs Storen vorsorglich dazugepackt hatte. Er sagte mir, wir müssten jetzt einen Moment warten, bis jemand käme, um unsern Fang nach Hause zu segeln. Ich fragte ihn, wie lange so ein Netz sei, und er meinte, es sei fast zehn Kilometer lang und dass wir darin mit etwas Glück gute sechs Tonnen Fisch fangen könnten. Und wirklich, wenn ich zu der Linie der Bojen blickte, wie sie mit Abständen an einer Leine befestigt waren, dann sah ich, dass sie fast bis zum Horizont reichten, oder zumindest so weit, wie ich sie noch ausmachen konnte. Ich fragte ihn, warum wir unseren Fang nicht selbst nach Hause führen, und er erklärte mir, dass dies ein Zeitverlust wäre, dass die jungen Burschen das gerne täten, und dass es auch gut sei für sie, da sie so nicht auf die Idee kämen, Unfug zu treiben.

Jetzt legte ein anderes Boot längsseits an unserem an, gesteuert von zwei etwa 14-jährigen Jungen. Wir wechselten einfach hinüber in das leere Boot und nahmen nur unseren Lunch mit. Die Jungen hatten auf dem beladenen Boot bald wieder die Segel gesetzt und waren schon wieder auf dem Weg zurück.

Dekker fragte mich, ob ich einmal den Platz mit ihm wechseln wolle, aber ich traute mich nicht und sagte ihm, ich fürchtete, ich sei am neuen Ort noch ungeschickter. Er aber meinte, ich hätte es bestimmt bald begriffen. Und so war es auch. Zuerst holte Dekker sehr langsam die Leinen ein, aber nach etwas Übung gelang es uns auch rascher. Er meinte, wir lägen gut in der Zeit, und wir könnten noch mindestens dieses Netz einholen. Ein anderes von etwa derselben Länge hätte er auch ausgebracht, aber sein Vater und Captain Wermus hätten versprochen, dieses am Nachmittag einzuholen. Der Letztere gehe gerne zum Fischen mit, wenn er zu Hause sei, und auch seine Mannschaft mache mit, sobald sie mit dem Abladen der Fracht fertig wären.

Die Arbeit ging gut voran, und das Schiff war wieder mehr als halbvoll, als Dekker sagte: «Mein Wort drauf: Ich dachte, Sie seien ein Naturkundler und ein Polarforscher, aber jetzt sehe ich, Sie sind auch ein geborener Fischer.»

«Noch nicht ganz», meinte ich, «ich versuche nur, es in Rom den Römern gleichzutun – oder eben in Jilona den Jilonesen.»

Und so füllte sich unser Boot rasch, und wir stoppten das Boot. Dekker machte einen Knoten in die Leine. Dann schlug er das Vorstag an, spannte es, nahm das Stagsegel aus dem zweiten Schapp hervor, schlug die Stagreiter am Stag an (das alles geschah blitzschnell), und bald hatte er auch das Fall belegt, und wir waren bereit, loszufahren.

Das Boot war eine exakte Kopie des andern, welches wir zuvor mit der Ladung heimgeschickt hatten.

Ich war nicht wenig stolz auf das, was wir bewerkstelligt hatten. Es war das erste Mal, dass ich einen Kabeljau im Wasser gesehen hatte. Aber jetzt war ich wirklich dankbar für eine kurze Ruhepause. Meine Hände waren wund und brannten, die Haut war geschunden und spröde. Zwei oder drei Verletzungen von den Haken bluteten.

«Das war wohl ein wenig zu viel für den ersten Tag», sagte Dekker.

Er goss etwas frisches Wasser über meine Hände, und so konnte ich sie sauber waschen. Dann gab er mir ein weisses Pulver, wahrscheinlich Borsäure, das ich in die Verletzungen rieb, und gleich fühlte ich mich wohler. Unterdessen hatte er den Grossbaum wieder heruntergelassen und das Grosssegel gesetzt wie das letzte Mal, als wir den Jungen ein Zeichen gegeben haben, dass das Boot wieder voll war.

Unser Lunch, zu dem wir uns jetzt niedersetzten, bestand aus Brot und einer würzigen Wurst mit etwas Knoblauch, die mich sehr zufriedenstellte. Im Korb befanden sich noch zwei Flaschen Burgunder, auch die waren bald leer. Von unserem Ort aus konnten wir das Ende unserer Fangleine sehen. Es war durch eine viel grössere Boje markiert und trug einen kleinen Mast mit einer roten Flagge am Top.

«Wir werden den Rest den Jungen überlassen», meinte Dekker, «die machen so etwas immer sehr gerne. Schauen Sie: Dort sind mein Vater und Captain Wermus, sie fahren an unserer Boje vorbei.»

Sie segelten mit demselben Typ Schiff hinter uns durch, und ich sagte zu Dekker, dass die Jilonesen offensichtlich eine grössere Anzahl Boote hätten, die nach dem gleichen Riss gebaut waren. Er meinte, diese Art Schiffe seien besonders gut für die Fischerei im Frühling geeignet, aber sie seien nicht gross genug für die Herbstfischerei, auch nicht robust genug für die starken Winde, die nach der Tagundnachtgleiche im Herbst auftreten. Auch um Reusen zu heben, seien sie nicht geeignet.

Ich wusste nicht, was eine Reuse war, und ich sagte es ihm.

«Eigentlich habe ich das auch kaum erwartet. Sie haben ja heute nur gelernt, was ein Schleppnetz ist. Eine Reuse ist jedenfalls ein sehr grosses querliegendes Netz mit einem Bodenteil und einem Leitteil, der gegen das Ufer ausgestreckt wird, um den Fisch hineinzuleiten. Das Netz wird an seinen vier Ecken auf der Stelle gehalten durch vier verankerte Bojen. Sie werden das bald selber sehen können.

Übrigens: Wissen Sie, wie viel Sie an diesem Tag verdient haben?»

Ich antwortete, dass ich es nicht wisse und dass ich gar nicht damit gerechnet hätte, dafür bezahlt zu werden, da wir ja weder Vertrag noch Abmachung gemacht hätten.

«Natürlich bekommen Sie Ihren Anteil, wie jeder, Sie haben etwa 60 Dollar verdient.»

Jetzt tauchte ein anderes Boot auf, gesteuert von zwei Jungen. Dekker wechselte ein paar Worte mit ihnen, und sie griffen nach der Leine des Netzes ein paar Yards vor uns. Dekker hielt das Besansegel nach Steuerbord, das Boot fiel ab, unsere Segel füllten sich, und wir nahmen Kurs heimwärts.

«Möchten Sie heute noch ein paar römische oder besser jilonische Bräuche kennenlernen?», fragte mich Dekker.

Ich sagte ihm, dass ich darauf gespannt sei.

«Ein guter Fischer sollte fähig sein, sein Boot stilgerecht nach Hause zu bringen. Daher sage ich Ihnen, wie Sie es anstellen sollen, und wenn Sie meine Anweisungen genau befolgen, gelingt es Ihnen wie einem alten Salzbuckel. Sie wissen, bei diesem Wind werden wir direkt auf den Landesteg zu getrieben. Ziel ist es, das Schiff mit dem Heck voran gegen den Wind so nahe als möglich an den Slip heranzubringen, wo die Schiffe an Land gezogen werden. Diese Boote werden immer mit einer Seilwinde mit dem Heck voran geslippt. Sie müssen also nur rasch in den Wind drehen. Unterdessen wissen Sie ja, wie diese Boote zu steuern sind. Sie drehen fast auf dem Teller, also achten Sie darauf, dass Sie nicht auf die andere Seite übersteuern.

Zur rechten Zeit werde ich das Grosssegel und das Vorsegel herunternehmen, und wenn Sie das Boot ruhig halten können im Wind, dann nehmen Sie die Ruderpinne heraus und heben das Ruder an, nehmen es heraus und legen es dorthin, wo es heute Morgen war. Es ist lang und schwer, aber fassen Sie es nur kräftig an, geben Sie einen kräftigen Ruck, und Sie packen es. Ich will hier eine Leine klaren, die Sie einem der Jungen an Land dann zuschiessen können. Die werden dann den Rest tun.»

Ich tat wie befohlen, so gut ich konnte, und wir landeten, ohne anzustossen. Die Jungen befestigten das Ende eines Seils ins untere Auge des Ruderscharniers, das andere wickelten sie um die sich drehende Seilwinde, und so brachten sie das Schiff bald aus dem Wasser und slippten es an seinen Platz.

Der Ort, wo wir landeten, war nahe einem grossen Gebäude. Das war der Abpackbetrieb, und dort war zu dieser Zeit viel los. Ein Kran hob mit vier Haken die Ladung aus einer Kiste, die den ganzen inneren Platz in unserem Boot einnahm und die ich bis da für das Unterdeck gehalten hatte, in welchem der Fischfang und die Gerätschaften gebunkert wurden. Diese stellte er zuerst auf eine Waage, dann hob er sie in die Höhe und setzte sie auf einen kleinen Wagen, der auf Schienen lief, und schon fuhr die Ladung in den Packraum. All das geschah in wenigen Minuten und die Jungen kamen schon mit Wassereimern zurück und wuschen unser Boot sauber. Sie hatten lange Schulferien, erklärte mir Dekker, in allen Regionen der Insel zur selben Zeit. Kein Wunder wurden die Leute von Jilona Schiffsliebhaber.

Jetzt gingen wir langsam in Richtung des Hauses des Gouverneurs, als Dekker anhielt und sagte: «Die Besichtigung des Abpackbetriebs kann warten, jetzt muss ich Sie dem Ladenbesitzer vorstellen.»

Wir drehten um und betraten einen langgezogenen Laden. An beiden Seitenwänden befanden sich lange Regale, worauf alles Mögliche an Waren sehr ordentlich gestapelt war. Der Ladenbesitzer, der mir als Mr Lewis vorgestellt wurde, sagte zu mir: «Ich denke, ich weiss, was der Herr wünscht.»

«Ja, was denn?»

«Eine bessere Bekleidung für Mr Bell.»

«Richtig», sagte darauf Dekker.

Mr Lewis sah eher wie ein Fischer aus denn wie ein Ladenbesitzer, wie wir sie kennen, und man erzählte mir, dass er während der Saison so viel mithalf, wie er nur konnte. Am Abend aber war er immer in seinem Laden beschäftigt, ganz besonders, wenn Captain Wermus mit einem seiner Frachter einfuhr. Unter ganz verschiedenen Kleidungsstücken fand ich, was ich suchte: ein paar gute, warme Pullover in Navyblau, ein paar Seestiefel, schön weich und solide gearbeitet, einen guten Anzug, ebenfalls navyblau, und dazu noch ein paar andere nützliche Dinge.

Mr Lewis war damit beschäftigt, alles zu notieren und zusammenzurechnen, als ich bemerkte, dass ich kein Geld bei mir trug, um ihn zu bezahlen. Als ich es ihm sagte, meinte er: «Macht gar nichts, ich kann Ihnen ein Scheckbuch geben.»

«Aber ist mein Scheck denn auch gedeckt?», fragte ich.

«Sehr wohl», bekam ich zur Antwort.

Darauf unterschrieb ich den Scheck über den Betrag, den er mir nannte, riss ihn heraus und übergab ihn ihm.

Bald darauf sassen wir zu Hause in dem grossen Raum. Wir hatten uns gewaschen, ich trug den neuen Anzug, den ich gestern erhalten hatte, und Dekker hatte meine Hände wieder einmal mit dem weissen Pulver behandelt.

Als wir unsere Zigarren anzündeten, wandte er sich mir zu und sagte: «Ich hatte ja gar nicht die Absicht, einen richtigen Fischer aus Ihnen zu machen, zumindest sah ich bis heute dazu keine Notwendigkeit. Meine Einladung heute Morgen war eher ein Spass als etwas anderes, und ich dachte, Sie wären bestimmt kein Spielverderber. Was das angeht, bin ich nicht enttäuscht. Jetzt aber sehe ich, dass wir unbedingt dranbleiben müssen.

Wissen Sie, weshalb ich zum ersten Mal auf diese Idee kam? Es war, als Sie mir erzählten, Sie würden es in Rom den Römern gleichtun. Natürlich schätze auch ich es nicht, mein Brot als Müssiggänger zu essen. Und zu dieser besonderen Jahreszeit besteht die sinnvollste Arbeit darin, in kürzester Zeit so viel Fisch wie nur möglich zu fangen. Wenn unsere Kräfte – und unsere Hände! – es erlauben würden, wäre es sogar gut, nachts zu den Netzen zu fahren und sie zu heben. Aber wir müssen uns auch ausruhen.

Und ich muss diese Arbeit tun, wenn ich bei den Einwohnern weiterhin geschätzt werden will. Darauf bin ich angewiesen, wenn ich meine Pläne ausführen will. Ich habe einen älteren Bruder, den Sie noch nicht gesehen haben, aber ich bin zum Nachfolger meines Vaters bestimmt – aus eigenem Willen und nach der Wahl der Leute. Wenn wir also wissenschaftlich arbeiten wollen, müssen wir das Ende der Fischsaison abwarten. Auch denke ich, es würde schlecht zu Ihnen passen, wenn Sie geruhsam Ihre Zigarren auf dem Balkon oder auf dem Sofa rauchen würden, während alle andern draussen sind in ihren Booten. Heute haben Sie sie beeindruckt. Ich bin sicher, hundert Augen schauten und beobachteten Sie ganz genau, wie Sie das Boot zum Hafen steuerten. Nicht vom Packsteg aus – dazu haben sie zu wenig Zeit –, sondern von den andern Booten aus und vom Land. Hoffentlich sehen Sie das in demselben Licht wie ich und sind nicht unangenehm überrascht.»

Als er so sprach, dachte ich über mein eigenes Buch nach und kam auf anderem Weg zum selben Schluss. So sagte ich ihm nur, wie heute Morgen: «Keine Angst, ich bin zu allem bereit. Handelt Ihr Buch von der Fischerei? Und ist es in meinem Zimmer vorhanden?»

Darauf brach er in ein schallendes, herzliches Lachen aus und schaute mich an, worauf ich ihn umarmte. Es verging eine ganze Weile, bevor er etwas murmelte von Naturkundler und Forscher.

Darauf kam die bezaubernde Ollie herein, neugierig geworden durch den lauten Gefühlsausbruch, und sie fragte: «Sie bereuen es anscheinend nicht, dass Sie heute mit hinausgefahren sind? Lassen Sie mich Ihre Hände betrachten.» Und nachdem ich sie ihr stolz entgegengestreckt hatte, fuhr sie fort: «Es ist nicht halb so schlimm, wie ich erwartet habe.» Darauf verschwand sie für eine kurze Weile und kehrte dann mit einer Flasche Madeira zurück, von dem wir am vorigen Tag schon genossen hatten, und sagte: «Captain Wermus meint, das sei besonders gut nach einem Tag Fischfang auf See.»

Und das war es auch.

Nach einer Weile gingen wir ins Studierzimmer, wo der alte Gouverneur am Fenster sass. Er hatte einen Zwicker auf seiner Nase und las in einem Buch, welches komfortabel vor ihm auf einem speziell konstruierten Gestell ausgebreitet lag. Dieser spezielle Stuhl, erklärte er, sei sehr bequem für ihn, und die Idee dazu stamme von einem seiner Enkel, einem Vetter von Dekker, der es in der Schule hergestellt und später gepolstert habe. Seitlich der rechten Armlehne befand sich eine eiserne Klammer, worin verschiedenes Zubehör eingesteckt werden konnte wie die Stütze, die er jetzt als Ablage für sein Buch verwendete. Ein anderes war ein Tischchen, worauf er gelegentlich eine kleine Erfrischung serviert bekam. Wieder ein anderes enthielt ein Schachbrett, worauf er ab und zu eine Partie spielte.

«Das können wir einmal versuchen, wenn Sie nichts dagegen haben», sagte ich ihm.

Dekker berichtete ihm nun, wie ich mich angestellt hatte, und meinte, ich sei wohl so etwas wie ein Jiloneser gewesen, schon bevor ich hierhergekommen sei, denn er hätte schon gesehen, dass ich ein echter Schiffsfreak sei.

Darauf sagte der alte Herr: «Bald werden Sie dieselbe Geschicklichkeit erworben haben, die wir alle haben. Oft bedaure ich, dass ich nicht mehr aufs Meer fahren kann. Aber sobald der Sommer kommt, will ich Richtung Süden fahren mit Wermus. Wahrscheinlich wird das meine letzte Fahrt sein. Das wird meine Abschiedstour von dieser Welt sein. Ich gehe nicht in Trauer, denn schon lange habe ich das hohe Alter der Patriarchen erreicht. ‹Ich bin alt und lebenssatt›, wie die Deutschen sagen. Die Arbeit, die ich hier getan habe, wird dann ebenso gut getan werden, wie wenn ich da bin und es selber tue. Die meisten –

fast alle – meines Alters sind schon gegangen. Manchmal kommt es mir vor, als hätte ich hier nichts mehr zu suchen. Glücklicherweise habe ich aber das Gefühl, dass ich immer versucht habe, das Rechte zu tun; und es ist meine Überzeugung, dass dort, wo wir nach diesem Leben hingehen, ein anderer Tisch für uns gedeckt sein wird.»

Darauf kam Ollie herein und zündete die Lampen an. Ihre Erscheinung schien den alten Mann von seinen düsteren Gedanken abzulenken, genau wie die Sonne die morgendlichen Nebel zum Verschwinden bringt. Es gelang ihr rasch, die Konversation wieder in Gang zu bringen, was mir gelegen kam, da ich auf die Ausführungen des Alten keine angemessene Antwort wusste. Darüber staunte ich nicht schlecht, erkannte aber später, dass ihn mit diesem Grosskind eine besondere Liebe verband; sie war seit ihrer Kindheit sein Liebling, und sie war seine einzige Grosstochter. Der alte Herr war damals 92 Jahre alt.

Danach hörten wir den Gouverneur mit Captain Wermus ankommen, und bald sassen wir alle zu Tisch fürs Nachtessen, mit noch grösserem Hunger als am Tag zuvor.

Das grosse Geheimnis

Aber es steht nicht in meiner Absicht, mein Leben in Jilona Tag für Tag zu beschreiben. Ich muss mit meiner Erzählung wieder Fahrt aufnehmen. Hier will ich nur noch berichten, dass Dekker und ich weiterhin gemeinsam fischen gingen, dass ich von morgens früh bis gelegentlich spät in die Nacht damit beschäftigt war, die Schleppnetze und die Reusen hochzuziehen, bis ich gegen Ende der Saison ebenso abgehärtet war wie die andern. Ich stand es mit nur zwei Mahlzeiten am Tag durch, ich schlug beim Frühstück und beim Abendessen ebenso zu wie Captain Wermus, und wir nahmen nie einen Lunch mit ausser gelegentlich ein bis zwei Flaschen Wein – Sie werden bestimmt verstehen …

Während all dieser Zeit kümmerten sich die beiden Damen vorzüglich um mein Wohlbefinden, und während den raren Augenblicken am Abend, vor dem Einschlafen, las ich in Dekkers Bücher über die Fischerei, seine *Geologie von Jilona* und seine *Arktische Flora*. Letzteres war übrigens viel besser als meine eigene, ältere Publikation zum selben Thema, welche nach meiner Teilnahme an einer unergiebigen kleinen Expedition, welche die Geographische Gesellschaft von N… vor einigen Jahren veranlasst hatte, herausgekommen ist.

Die Geographie von Jilona interessierte mich besonders. Ich las das Buch mehr als einmal ganz durch. Aber da gab es ein Kapitel, das ich nicht richtig verstand. Es schien mir unvollständig, die Schlussfolgerungen waren nicht zu Ende geführt, und es schien mir, als ob Dekker es absichtlich unfertig gelassen hätte. Das Kapitel handelte von einer Erhöhung der Temperatur, die vor einigen Jahren rund um den Vulkan beobachtet und seither sorgsam notiert worden war. Diese Erwärmung war zum ersten Mal beobachtet worden, als das System der Tunnel fertiggestellt worden war, mit denen durch mächtige Ventilatoren die warme Luft zur Heizzentrale und zu den Häusern der Stadt Wijstad befördert wurde. Als ich einmal in Dekkers Bibliothek war, sah ich Dutzende dieser Ausgabe seiner *Geologie von Jilona* – das machte mich misstrauisch.

Schliesslich beschloss ich, ihn darüber zu befragen. Tags darauf sagte ich zu ihm: «Da gibt es ein Kapitel in Ihrer Geologie, das mich beschäftigt. Da fehlt der Schluss, Ihre Ansicht muss doch sein, dass die Erdkruste unter dieser Insel dünner wird. Denken Sie, sie wird irgendwann in die Luft fliegen? Und weshalb behalten Sie die Bücher bei sich und stellen sie nicht in die Buchhandlungen?»

«Sie haben etwas gewittert», sagte er, «finden Sie heraus, was immer Sie wollen, aber behalten Sie Ihre Vermutungen für sich!»

Diese letzten Worte sagte er in seiner nordischen Sprache, wörtlich bedeutete es: ‹Behalten Sie Ihre Vermutungen für sich›, aber frei übersetzt bedeutete es etwa: ‹Achten Sie darauf, dass Ihre Vermutungen sich nicht verbreiten.›

«Ja», fuhr er fort, «deshalb bereite ich einen Platz an der Küste Grönlands vor. Und deshalb baut Mr Waterman ein grosses Schiff, und deshalb muss ich nach Süden fahren mit Captain Wermus.»

Somit war das Geheimnis gelüftet. Zumindest ein Teil davon. Lange hatte ich mich gewundert, weshalb Dekker so viel an der Bevölkerung von Jilona gelegen war. Er hatte viel mehr Einfluss auf alles, als seine Position eigentlich erlauben würde. Später fand ich heraus, dass es in seiner Macht stand, alle Bewohner zur Mitarbeit im Gemeinschaftshaus aufzubieten, sogar zu der Zeit, als noch sehr wenige von dem Schicksal wussten, welches sie bedrohte.

Ja, mehr noch: Er konnte jedem eine Botschaft senden und sie nach seinem Willen handeln lassen. Er übte diesen Einfluss mir gegenüber nie aus, solange ich in Jilona war; erst, als wir nach Lissabon kamen, bemerkte ich diese Fähigkeit. Dann wusste ich auch, dass er nicht nur seine Botschaften versenden konnte, sondern dass nicht einmal meine Gedanken vor ihm verborgen waren. Das mag sehr eigenartig scheinen, ich weiss, aber ich weiss das nicht anders zu beschreiben, was ich damals erlebt habe.

Eines Abends speisten wir an Bord von Captain Wermus' Schiff, der *Zara*. Das war für mich ein rechter Erfolg, wenngleich ich kaum glaube, dass Dekker selbst es so sehr genoss. Es waren auch ein paar Männer aus der Mannschaft des Captains mit dabei. Die Menükarte war vom Captain selbst sauber niedergeschrieben worden und kopiert auf einer einfachen Presse, welche sonst im Laden verwendet wurde, um Aufrufe zu drucken. Darauf entstanden gediegene

Kopien in einer purpurnen Farbe. Leider habe ich kein Exemplar mehr davon, dafür habe ich eine andere von Captain Wermus' Menükarten, welche ich Ihnen zu gegebener Zeit zeigen kann.

An jenem denkwürdigen Abend brachte ich die Konversation auf das Thema der Sprachen und sagte meine Meinung über verschiedene Dinge, die der Captain bei früheren Gelegenheiten schon angesprochen hatte. Ich sagte, es sei sehr schwer, eine neue Sprache in seinen Kopf hineinzubekommen – ich hatte damit eine traurige Erfahrung gemacht.

«Keineswegs», sagte er, «es ist so leicht, wie dieses Essen zu geniessen.»

Wir hatten erst den Fisch zur Vorspeise gegessen, und ich fühlte mich schon beinahe satt, aber ich dachte: ‹Wenn es auch nicht so einfach ist, wie er sagt, so ist es doch machbar.›

Der Captain kam aber erst recht in Fahrt und fuhr fort: «Ich will es Ihnen beweisen!»

Darauf muss ich ihn wohl recht verblüfft angeschaut haben.

«Ja», meinte er, «und ich will gleich hier und jetzt mit Ihnen den Beweis antreten: Wissen Sie etwas über Portugal oder die Portugiesen?»

«Nicht viel», gestand ich, denn wenn ich auch stolz war auf meine geographischen Kenntnisse, muss ich zugeben, dass ich Angst hatte vor all den Trümpfen, die der Captain wohl noch im Ärmel hatte. Er musste immer das letzte Wort haben, zwar nicht mit dem Gouverneur – denn dieser liess sich in keine Diskussionen ein –, aber in der Diskussion mit Dekker hatte er oft die besseren Argumente.

Er fuhr fort: «Also, ich will Ihnen etwas darüber erzählen: Portugal mit seinen Inseln im Atlantischen Ozean, seinen Kolonien in Afrika und im fernen Osten, dazu Brasilien, wo man auch Portugiesisch spricht, das alles bildet eine kleine Welt für sich. Wenn auch heutzutage keine Dampfschiffe mehr vom Mutterland nach Brasilien auslaufen und Portugal nur noch eine grosse Dampfschifflinie besitzt, die die Kolonien in Afrika bedient, so gibt es doch einige englische und deutsche Linien, auch eine französische, welche die Reisenden bedienen und sich darin konkurrieren, die alten Ansprüche zu bewahren. Auf diesen Dampfschiffen sind die Anweisungen an die Passagiere in beiden Sprachen gedruckt, in Englisch und Portugiesisch oder Deutsch und Portugiesisch, je nachdem, aus Höflichkeit den entsprechenden Passagieren gegenüber.

Mehr noch: Sobald ein Schiff Leixões[4] erreicht, haben die Stewards Anweisung, roten Wein zu den Mahlzeiten zu servieren, *à discrétion*, wie die Franzosen sagen, und so können die Portugiesen und Brasilianer zufriedengestellt werden. Sie nehmen davon nie zu viel. Sie sind nicht gewohnt, eine zusätzliche Flasche zu bestellen, wenn sie einen guten Tischwein bekommen, der in der Mahlzeit inbegriffen ist. Und den bekommen sie, und er ist gut. Ich weiss, woher er stammt, er ist gar nicht teuer, auch keine besondere

---

4   Anm. von Maurice Anker: Dies ist der Hafen von Oporto für Postschiffe; kleinere Schiffe aber können über das Riff bis Oporto den Douorofluss hochfahren, zwischen zwei hohen Bergen hindurch bis zu einem Platz unter einem hohen Steinbogen, welcher den Douro an dieser Stelle überbrückt.

Qualität, aber natürlich und bekömmlich. Sie sehen, so ist das üblich. Die französischen Linien geben ihn natürlich auch, die deutschen tun es ihnen gleich, und die englischen können davon nicht abweichen. Dieser Brauch hält sich sowohl auf den Linien nach Nordbrasilien oder zum Amazonas wie auch auf denen nach Rio und in den Süden.

Wenn Sie die Portugiesen kennenlernen, dann werden Sie sehen, dass sie eine interessante Geschichte haben, eine eigene Literatur, worauf sie nicht wenig stolz sind. Ihre Sprache ist nahe verwandt mit dem Latein, und gerade da können Sie anknüpfen, Mr Bell. Sie haben mir gesagt, dass Sie in Deutschland zwei Jahre Botanik studiert haben, also können Sie sicher etwas Latein. Gut so!»

Jetzt ging es in der Kabine hitzig zu und her. Ganz nebenbei wurde die vierte Flasche mit altem Bordeaux herbeigebracht – oder war es schon die fünfte?

Ich unterbrach aufgeregt: «Ja, habe ich Ihnen nicht auch gesagt, dass ich durch mein Examen geflogen bin, weil ich nicht genügend Deutsch verstand? Und dass die beiden Professoren sich ein Zeichen gaben, und einer sagte: ‹Ohne Zweifel›, aber ich verstand ‹Zwiebel›, worauf ich begann, die Eigenarten und Varietäten des *Cibelus hortalicus*[5] darzulegen. Hab ich Ihnen nicht all das erzählt? Auch, dass ich über einen andern Studenten erfahren habe, was die beiden Professoren miteinander besprochen hatten, nämlich: ‹Glauben Sie, er wird durchfallen?› – ‹Ohne

---

5   Ein vermutlich erfundener Name für die Zwiebel. Der heutige wissenschaftliche Name lautet *Allium cepa*.

Zweifel.› Ja, ich habe Ihnen, Captain Wermus, dies alles erzählt; und was das Latein betrifft, gewiss, ich verstehe etwas davon, speziell wenn ich eine Übersetzungshilfe dabei habe. Aber Vorsicht, Captain, ich bin dabei, und ich gehe auf Ihre Wette ein – falls es eine ist –, so gut ich kann.»

Da wurde es aber noch heisser in der Kabine! «So höre ich es gerne!», kam vom Captain. «Fangen wir gleich an. Wissen Sie noch, was ich kürzlich über die Grundlage gesagt hatte, auf welcher aufgebaut werden könne? Also: Sie haben diese Grundlage, wenn auch nicht so sehr vom Latein her, dann sicher vom Englischen. Und ich gebe Ihnen jetzt eine Grammatik und ein Lexikon. Wenn Sie beides studieren und mich dann und wann über die Aussprache befragen, dann werden wir den Roman *Os Lusíadas* von Luís de Camões lesen, bevor ich ‹good bye› gesagt habe.»

Danach blieben wir nicht mehr lange, denn wir mussten ja wieder früh aufstehen, und sogar Captain Wermus war sehr darauf bedacht, sich nicht mit den Fischern anzulegen. Als wir weggingen, sagte er nur, ich sollte die portugiesische Welt besser kennenlernen. Und zu Dekker sagte er, er würde nicht nach Bordeaux oder ins Burgund gehen auf dieser Fahrt, denn er wolle erst günstigen Bericht der Winzer abwarten. Er hasse es, unfreundliche Gesichter zu sehen, sagte er, und ein guter Bericht der Winzer würden seine Freunde freundlicher stimmen und umgänglicher. Von Bordeaux aus fuhr er üblicherweise per Zug oder Auto ins Burgund.

Wir sind dann tatsächlich nach Portugal gereist, aber mehr darüber später. Bevor ich von unsern

Abenteuern auf dieser denkwürdigen Reise erzähle, muss ich Ihnen etwas mehr über das Familienleben im Haus des Gouverneurs berichten. Während meines Aufenthaltes dort wurde ich wie ein Familienmitglied behandelt. Ich hatte im Laden ausgezeichnete Kleider gekauft, meine Jacken waren hell in fröhlichen Farben, und sonntags, ja, da war ich ein Dandy. Aber wir alle waren zu müde, um dann lange Ausflüge zu machen, und hielten uns meistens nahe beim Haus auf.

So geschah es, dass ich eines Abends allein nach Hause kam, und als ich mich dem Haus näherte, hörte ich jemanden Klavier spielen. Ich hatte das Instrument im Wohnraum gesehen, aber bis jetzt hatte noch niemand während meiner Anwesenheit darauf gespielt. Als ich den Wohnraum betrat, sah ich Miss Olivia spielen, und wie entzückend sah sie dabei aus! Ihre Wangen hatten gerade den richtigen Teint, ein blasses Rosa, ähnlich der kleinen Blume, die ich aus der Region des Nordpols während der dürftigen, kleinen Expedition mitgebracht hatte, die Sie alle kennen. Darauf war ein Hauch von feinen, blonden Haaren zu sehen, wie auf einem Pfirsich, und dann die Grübchen, wenn sie lachte!

Ach je … Ich wusste, dass sie mit einem jungen Kerl verlobt war. Ich hatte ihn gesehen, und ich vermute, dass er nur auf den Tod des alten Grossvaters wartete, um sie von hier weg und zu sich zu nehmen – dieser selbstsüchtige Kerl! Ich hatte ihr nie gesagt, wie sehr ich sie liebte, und sie behandelte mich eher wie einen jüngeren Bruder oder einen Jungen. Aber oh, sie war so süss, und sie kümmerte sich so herzlich um mich!

Eines Abends, als ich erschöpft vor Anstrengung und Verausgabung in einen Sessel sank, begleitete sie mich auf mein Zimmer, führte mich zu meinem Bett und munterte mich wieder auf, während ihre Mutter mir einen Tee brachte, den Olivia mir überreichte, während sie neben meinem Bett sass und meinen Kopf hielt. Dekker sagte mir später, sie hätte ihn gescholten, aber er meinte zu ihr: «Mach dir nichts draus, er wird bald seine Lektion im Fischen auf die Reihe bringen.» Meine Hände waren damals so heiss vom Ziehen und Einholen der Netze, von Schrunden und Rissen übersät, dass ich beim kältesten Wetter ohne Handschuhe hinausgehen konnte, und sie fühlten sich immer noch heiss an. Schweissperlen sammelten sich in meinen Handflächen, und weder Schnee noch Eis noch kaltes Wasser konnten diese Hitze löschen.

Aber weshalb kann ich jetzt nicht mehr so zügig schreiben wie zu Beginn dieses Berichtes? Wenn ich jetzt an sie denke, so scheint es mir so hart, wie gegen einen Sturm mit entgegenströmender Tide und ein paar alten Schleppnetzen, die sich im Ruder verheddert hätten, aufzukreuzen. Da ist es schwer, voranzukommen. Ach je …

Jetzt aber sass sie am Piano, und da ich höflich sein wollte, sagte ich, ich hätte gar nicht gewusst, welch eine Künstlerin sie sei.

«Sind Sie Musiker, Jim?», fragte sie.

«Nur ein wenig; ich spiele Geige.»

Als meine arme Mutter noch gelebt hat, hatte sie jeweils gesagt, wenn ich mein Lieblingsstück gespielt habe (das *Ave Maria* von Gounod), ich spiele es, wie sie es nie zuvor gehört hätte – wenn das nicht ein

Kompliment war! Sie aber hatte nur gemeint, sie hätte es nicht wiedererkannt!

Ich möchte ja gerne einen von euch Gentlemen aus der Gesellschaft sehen, wie er diesen Bericht hier schreibt. Verdammt nochmal! Nein, ich meine … Ja, ich meine es ernst. Aber jetzt habe ich eine Menge Zeit, ich habe keine andere Arbeit. Miss Smith, diesen Abschnitt müssen Sie in der Schlussfassung auslassen, sonst bekomme ich nie mehr einen Auftrag. Herrjeh!

Von diesem Tag an versuchten wir öfters, zusammen zu musizieren. Aber meine Finger waren angeschwollen und ungeschickt geworden. So beklagte ich mich eines Tages, worauf Dekker meinte: «Versuchen Sie es doch mit dem Cello für eine Weile, da hat es mehr Platz zwischen den Fingern. Sogar Captain Wermus mit seinen dicken Pfoten kann das spielen.»

Ich sah, wie seine Mutter ihn mit einem Blick bremste, und er stichelte nicht mehr gegen mich. Übrigens nahm ich ihm solche Witze nicht übel. Schon damals waren wir gute Freunde, und das Schicksal wollte es, dass wir es in der Folge noch mehr wurden, wie Sie gleich hören werden.

Abends und an Sonntagen war Zeit zum Lesen. Olivias Lieblingslektüre waren Reisebeschreibungen in die entferntesten Winkel der Erde. Sie kannte alle Bücher der frühen Entdeckungsreisenden, Magellan, Cook, Escobar, Cão, Jacques Cartier, La Pérouse und viele andere Grössen, alle kannte sie. Dekker hatte manchmal etwas Mühe, das aufzutreiben, was sie wünschte, aber sie hatte eine gute Sammlung und da waren viele interessante Beschreibungen, an die ich mich nicht mehr lückenlos erinnere. Auch Dekker teilte diese Vorliebe, und oft lieh ich von Olivia ein Buch aus.

Während der Fischsaison hatten wir nur wenige Ausflüge unternommen, denn wir waren müde und brauchten die Erholung. Aber ein Sonntag ist besonders in meiner Erinnerung haftengeblieben, denn damals ging ich mit Olivia und dem Grossvater spazieren. Das Wetter war aussergewöhnlich warm, und Grossvater wollte Mr Waterman einen Besuch abstatten, dem alten Bootsbauer, dem einzigen Mann auf der Insel in Grossvaters Alter. Er hatte seinen Stock in der einen Hand, mit der andern war er bei Olivia eingehängt. Mr Waterman war seit langem nicht mehr vorbeigekommen, er war sehr damit beschäftigt, ein Schiff zu bauen, das fast so lang sein sollte wie die *Zara*. Zuerst gingen wir zu Mr Watermans Haus, aber da er nicht anwesend war, suchten wir ihn in seiner Werkstatt. Er war im kleinen Büro nahe der Werft und studierte gerade einige Pläne, als wir eintraten.

Die beiden alten Herren tauschten Erinnerungen aus und schwatzten eine ganze Weile. Es hörte sich so an, als ob der alte Mann zu der Zeit, als er Gouverneur gewesen war, Mr Waterman auf eine Mission in die Vereinigten Staaten gesandt hatte. Damals gab es, wie mir schien, Meinungsverschiedenheiten über die jeweiligen Vorzüge von Flachs und Baumwolle. Mr Waterman war ausgeschickt worden, um zu untersuchen und dann zu entscheiden, welches der beiden Materialien für die Segelherstellung der Boote von Jilona besser geeignet sei.

Er sagte, in der Baumwollbucht hätte er attraktive Bedingungen gefunden und nur wenige Leute hätten diese Meinung geteilt. Aber er berichtete auch, dass er in einigen der Fabriken viele tuberkulöse Mädchen gesehen hätte, welche gezwungen worden waren, unter ungesunden Bedingungen und bei schlechtem Lohn ihren Lebensunterhalt zu verdienen, und so früh zu Grabe kamen. Einige der Mädchen, berichtete er in seinem Report, hätten so sehr gelitten und seien so leicht angezogen gewesen, dass ein rechter Windstoss ihnen die Kleider weggeblasen hätte. In der Folge, so hatte ihm ein befreundeter Reporter berichtet, hätte die Polizei sie eingelocht, ohne ihnen genügend Kleider zu geben. Anstatt ihnen ein Zuhause zu geben, hätten sie sie in überfüllte Zellen gesperrt. Darauf habe er sich entschlossen, ganz auf die Baumwolle zu verzichten und dafür auf Flachs umzustellen und sicherzustellen, dass nie mehr Baumwolle nach Jilona importiert würde.

Damals in den Vereinigten Staaten war er einmal von einem schwarzen Sklaven überfallen und mit einem Eisenrohr am Kopf verletzt worden. Er packte den Sklaven, hielt ihn fest, und dachte sich eine Bestrafung aus. Als aber die Polizei kam, da floh der Sklave, und die Polizisten nahmen stattdessen ihn fest. So stand er im Dilemma. Er musste doch zurückfahren und befürchtete, dass ihm dies verwehrt werden würde, weil er hier in Haft sass, weit weg von seiner geliebten Insel. Nur dank seinen guten Beziehungen und nach Zahlung eines Lösegeldes kam er wieder frei.

Nach einer Weile zeigte uns Mr Waterman die Werft. Ich war gelegentlich hier gewesen, hatte aber nie genügend Zeit gefunden, mir alles anzusehen. Mr Waterman zeigte uns die Pläne seines Meisterstückes, der *Zara II*. Dieses Schiff war ohne transversale Rippen oder Querträger gebaut worden. Die beiden diagonal beplankten Wände waren auf Stringern festgemacht, welche sich über die ganze Länge des Schiffes erstreckten und gegen die Enden hin zusammenliefen. Mr Waterman erklärte, dass die Stabilität des Schiffes von der Tatsache rühre, dass alle diese Stringer perfekte Bögen beschrieben, so nahe an Kreisbögen, wie es möglich gewesen war, sie herzustellen. Aussen an den beiden diagonalen Aussenwänden war eine andere Schicht von Planken längsseits verlegt. Drei starke Schotts unterteilten das Schiff in vier Teile, und zusammen mit den dazwischen verlaufenden Decks bildeten sie eine zusätzliche Stabilität. Alles war aus Teakholz gefertigt und kurz nach Fertigstellung mit einem selbsthärtenden Firnis eingerieben, einer Erfindung eines Jilonesen. Dadurch war eine lange Lebensdauer gewährleistet und eine aussergewöhnliche Widerstandsfähigkeit gegen Schläge und Abnutzung. Der Rumpf war mit Perlmuttfarbe bemalt, einer Substanz, welche einfach zu reinigen und sehr glatt war.

Neben diesem grossen Schiff hatte Mr Waterman mehrere andere Boote der sogenannten *Malta*-Klasse in seiner Produktion. Das war ein etwas breiteres Schiff als die *Harmony*-Klasse und wurde vor allem zur Herbstfischerei benutzt. Die Boote trugen nur ein Lateinersegel, welches nicht an einem Mast, sondern an einem Jütbaum befestigt war, wie sie auf Segelschiffen benutzt werden, um Masten aufzurichten oder niederzuholen. Die grössten Schiffe, die er baute, waren vom Typ der *Butterfly*-Klasse. Die waren sehr geräumig, auf Stabilität hin gebaut, und wurden nur dazu verwendet, die Netze einzuholen. Sie hatten keine Segel, sondern wurden durch Propeller angetrieben, welche backbords an einer Halterung festgemacht waren. Mr Waterman war sehr stolz auf seine Versuche, wie er das nannte, Boote nach neuen Rissen zu bauen, die er dann selbst ausprobierte, aber zu dieser Zeit war er zu beschäftigt, als dass er seinem Hobby hätte frönen können.

Eines hielt auf Jilona meine Aufmerksamkeit gefangen: Ich sah weder Kirchen noch irgendwelche sichtbaren Zeichen von Religion. So fragte ich Grossvater auf dem Heimweg, ob die Christen nie auf diese Insel gekommen seien.

«Nein, sie kamen nie bis hierher, erinnern Sie mich daran, Ihnen einmal diese Geschichte zu erzählen.»

Ich hatte den Captain unterdessen sehr gut kennengelernt. Ich konnte jeweils voraussagen, wenn er wieder etwas im Schilde führte. Er hatte eine Junggesellenbude nahe am Quai, und dahin zog er sich jeweils mit seinen Logbüchern zurück, wenn er neue Reisen plante. Früh war er Witwer geworden und hatte sich nie mehr verheiratet. Ich kann mir gut vorstellen, dass er immer mitten in allerlei aufregenden Geschichten stand, denn er wollte alles Negative vergessen und bei guter Stimmung bleiben. Er hasste unglückliche Gesichter. Aber seine Witze und Anspielungen waren nicht von der schwarzen Sorte.

Diesmal wollte er beide, Grossvater und Ollie, nach Portugal mitnehmen, und Sie werden sehen, wie geschickt er dies anstellte, denn Ollie dachte immer, dass er etwas im Schilde führte. Wohl wusste ich von seinem Vorhaben, aber ich plauderte nichts aus. Aber was er da plante, damit traf er wirklich meine tiefsten Wünsche.

Eines Abends im Juli, als ich im Gang des Ladens stand und mit Lewis sprach, mit einer Schachtel kubanischer Zigarren unter meinem Arm, die ich gerade gekauft hatte, da sah ich einen von Captain Wermus' Kumpanen, wie er mit einer Zeitschrift unter dem Arm davonschlich. Es war wahrscheinlich eine von den Zeitschriften, die der Captain selber auf einer seiner letzten Fahrten gekauft hatte. Als er mich sah, versuchte er, die Zeitschrift in seine Tasche zu stecken, aber zu spät, ich hatte schon die Illustration auf dem Titelblatt gesehen. Dann sah ich ihn wie einen Dieb ins Quartier des Captains schleichen.

Natürlich konnte ich zwei und zwei zusammen-zählen, und wirklich, als der Captain später am Abend zum Nachtessen bei uns erschien, hatte er die Zeitschrift unter seinem Arm. Als er ins Studier-zimmer trat, begann er mit der Ausführung seines Planes, während er verschwörerisch zu mir herüber-schaute. «Hier habe ich etwas für Sie, Grossvater», und er zeigte dabei auf eine Anzeige. «Mit etwas Glück und einem Reislein in den sonnigen Süden bringen wir Sie innert drei Wochen wieder dazu, wie ein junger Hüpfer herumzulaufen.»

Der alte Mann schluckte den Köder mitsamt dem Haken, der Leine und dem Bleigewicht. Da gab es von Anfang an kein Zurück mehr. Dann dachte ich, dass er selber vor kurzem ja den Wunsch geäussert hatte, wegzufahren, und ich sah, dass alles gut kommen würde. Jetzt hatte der Captain seinen verheissungsvollen Blick von mir abgewandt.

Bald darauf kam Ollie herein, und der Grossvater erzählte ihr von den Plänen und gab ihr den Artikel. Er handelte von einer Zitronenzüchtergesellschaft, die behauptete, Zitronen seien ein ausgezeichnetes Heilmittel gegen Rheumatismus, mit Bildern, worauf Menschen aus allen Staaten, aus Kanada und andern, gezeigt waren, welche von ihren Übeln geheilt waren. Die Idee der Therapie war, am ersten Tag eine Zitrone zu essen, am zweiten zwei und so fort bis zum sechzehnten Tag.

Ich denke, damals gab es nicht viele Zitronen auf der Insel. Ich weiss, irgendwo befand sich ein grosses Importhaus, aber all die Zeit über hatten wir nie Gelegenheit gehabt, dorthin zu gehen, auch nicht gewusst wie, und so wusste ich nicht, ob in diesem Importgeschäft Zitronen zu haben waren oder nicht. Also beschloss ich, den Dingen ihren Lauf zu lassen.

Unterdessen hatte Ollie den Artikel auch gelesen und sagte darauf: «Ich habe auch schon davon gehört, dass Zitronen sehr gesund seien und nützlich gegen viele Beschwerden, auch gegen Rheumatismen. Aber sehen Sie, Captain Wermus» – und dabei blickte sie ihm direkt in die Augen – «ich kann nicht zulassen, dass Sie zu viel von dieser Medizin ausprobieren, daher müssen mein Grossvater und ich Sie auf Ihrer Reise begleiten.» Der Captain schaute jetzt etwas niedergeschlagen drein, und Ollie fügte lächelnd hinzu: «Ich könnte Ihnen ja ein paar Zitronensäfte pressen auf Ihrer Reise.»

Da sah ich aber, dass dies ein wenig zu viel des Guten war für den Captain. Es schien, als sei er ganz froh darüber, sich in das Esszimmer retten zu können. Aber er hatte so seine Art und reagierte scheinbar unschuldig auf Ollies Bemerkung, er hätte bestimmt die ganze Angelegenheit vorher geplant und seine Kumpels ins Vertrauen gezogen.

Ich kann hier beifügen, dass der alte Mann von der Idee ganz begeistert war. Er war für sein Alter ganz gut in Form und anscheinend abgesehen von seinen Beinen noch kerngesund. Er konnte sogar ohne seinen Stock ein paar Schritte gehen, aber er hatte dabei Schmerzen und zog es vor, in seiner Ecke in seinem Lehnstuhl zu bleiben, wo er gut eingerichtet war. So war sein Tageslauf eher eintönig. Meist war er dabei, wenn der Gouverneur geschäftlich zu tun hatte, und wir alle waren es gewohnt, ihm eine Weile Gesellschaft zu leisten, mit ihm Schach oder ein anderes Spiel zu spielen.

Bevor die Reise vorüber war, war er viel besser dran – ob's am warmen Wetter oder an den Zitronen lag, das kann ich nicht sagen, aber es ist eine Tatsache, dass er oft während einer halben Stunde oder länger munteren Schrittes an Ollies Arm über das Deck der *Zara* schritt.

Bald nach diesem Abend zogen die Jilonesen immer weniger Fische aus dem Wasser. Wenn man die Schleppnetze hochzog, war da selten ein Fisch drin, manchmal nur ein Dornhai oder ein Lumpfisch oder es hing sogar ein vierhörniger Seeskorpion an einer Angel, dann wieder an vielen Haken nichts, dann vielleicht zwei oder drei Kabeljaue. Ich wusste gar nicht, dass es solche Monster im Meer gibt, als Naturwissenschaftler hatte ich sie nur in Büchern gesehen. Und hier sah ich sie in natura. Der vierhörnige Seeskorpion ist ein hässlicher Bursche mit einer grossen Schnauze und einem Gesicht wie ein Frosch. Dazu war er schwer vom Haken zu lösen. Und dann der Dornhai: Schauen Sie sich nur sein Lebensrevier an, dann sehen Sie, was für einer er ist. Und der Lump-fisch ist schlüpfrig – gelinde gesagt. Auch wenn die Stellnetze hochgezogen wurden, waren da nur wenig Fische drin. Der Kapelan hatte offenbar die Küste verlassen, also wurde alles eingebracht, gut verstaut und aus dem Weg geräumt. Die langen Ferien hatten für die Fischer begonnen; ich glaube, es war der 17. Juli.

Kurze Zeit zuvor war etwas geschehen, was mich dazu brachte, den Captain nicht mehr so zu mögen. Aber er war ein solch jovialer Kerl, dass es leicht war, ihm zu vergeben und es zu vergessen. Nie habe ich diesen Mann einnicken oder auch nur dösen sehen, immer war er da, wach, voller Dampf und immer be-reit, den Anker hochzuziehen. Der Gouverneur und sein Vater vertrauten ihm in jeder Hinsicht; der Gou-verneur überprüfte nie seine Abrechnungen, nur ab und zu warf er einen Blick auf die Zusammenfassun-gen, von denen er eine Art gedruckte Statistik hatte. Diese erstellte ein Büroangestellter im Geschäft, ein Bauer mit einem besonderen Flair für Zahlen. Dek-ker hatte mir erzählt, dass der Captain der beste Ein-käufer sei, den sie je gehabt hätten, und dass er für jedes Pfund Fisch immer einen Schilling oder mehr erhalten hatte als alle andern Anbieter auf dem Markt. Wahrscheinlich war das bis zu einem gewissen Grad der Qualität zu verdanken, aber zu einem grösseren Teil Captain Wermus' Gewandtheit auf dem Markt.

Irgendwo zu Beginn dieses Berichts habe ich festgehalten, dass bei den Storens eine Witwe mit ihrer Tochter lebte. Sie wurden wie Familienangehörige behandelt, vielleicht nicht ganz, mag sein. Sie wissen ja, ein Gastgeber wird seinem Gast und dessen Gemahlin immer mehr Beachtung schenken als seinen Familienangehörigen. Aber die Witwe Grabo schätzte es, wenn ihre Kochkünste hervorgehoben und gelobt wurden. In früheren Zeiten war sie Verwalterin und Ausbildnerin in der Schule für Seefahrt gewesen. Diese befand sich auf einer grossen Brigantine, welche regelmässig die ganze Welt mit einer Crew von jungen Kerlen von der Insel bereiste. Als Witwe hatte sie mit ihrer Tochter Anrecht auf einen grossen Anteil des Geldes, das ihrem verstorbenen Gatten zustand, und so war sie nicht gezwungen, hart zu arbeiten.

Daher waren alle überrascht, als sie einfach so verschwand.

Etwas später war ich an einem Abend mit Dekker zusammen und sprach unter anderem mit ihm über die Frage der Alkoholprohibition. Plötzlich fragte Dekker seine Mutter: «Was meinst du, Mutter, gab's bei uns Probleme mit der Prohibition?»

Zuerst dachte ich, sie würde verärgert auf ihn losspringen, dann aber veränderte sich ihr Gesichtsausdruck, und sie brach in helles Lachen aus.

Das hing damit zusammen, dass an jenem Tag Fischer der Crew halfen, Kisten von der *Zara* auszuladen und den Kran am Steg zu bedienen. Da wurden einige von ihnen sehr durstig und baten einen Jungen, ihnen Wasser zu bringen. Der Junge war hier neu und kannte die Wasserstellen nicht, und so brachte er ungeschickterweise eine ganze Kanne voll Salzwasser.

Darauf wurde ein durstiger Kerl wütend, packte einen schönen, neuen Zapfhahn aus Holz, der an einem Draht an einem Weinfass hing, schlug diesen heftig ins Fass und liess Wein in die Karaffe fliessen. Dies allein wäre weiter nicht schlimm gewesen, denn solche kleine Verfehlungen geschahen zuweilen am Quai, aber diesmal nahmen alle einen kräftigen Schluck, auch der Captain, und zwar mehr als einmal, und als sie sich dann auf den Weg zum Haus des Gouverneurs machten, da sangen sie den ganzen Weg lang und liefen schwankend die Strasse hinauf.

Mrs Storen, die auf der kleinen Terrasse gerade dabei war, Leintücher, die sie zum Trocknen aufgehängt hatte, abzunehmen, verpasste ihnen eine gehörige Schelte, sagte man. Zuerst schämten sie sich, dann aber murmelte einer von ihnen etwas von Salzwasser trinken und einer schlechten Planung. Darauf gingen sie alle ganz vergnügt von dannen.

Bald darauf kam Dekker nach Hause und hörte, wie seine Mutter sagte: «Alec [dies war der Vorname des Gouverneurs], ich bin überzeugt, dieser Captain Wermus wird noch unser aller Untergang sein. Jetzt bin ich sicher, er hat etwas mit dem Verschwinden von Mrs Grabo zu tun.»

Der Gouverneur sagte nichts, er liess sich nie hetzen und versuchte immer, gerecht zu sein. Was Mrs Storen sagte, war ja nur eine Vermutung, die sich dann allerdings als wahr herausstellen sollte. Denn es kam ein Brief von der Witwe, worin berichtet wurde, dass sie ein grösseres Gebäude nahe dem Süsswasserteich im Norden übernommen hatte und dort für die Sommerurlauber und für die Leute, die im Winter Schlittschuhlaufen wollten, ein Restaurant zu eröffnen gedachte. Sie entschuldigte sich, dass sie sich ohne ein Wort davongeschlichen hatte, aber sie sagte, auf diese Weise denke sie, am schnellsten aus einer Situation herauszukommen, in der sie sich nicht mehr wohlgefühlt hatte. «Nicht etwa», schloss sie, «dass ich etwas gegen Sie hätte, aber versetzen Sie sich nur gerade für eine Minute an meinen Platz, dann werden Sie sehen, dass ich mich hier wohler fühlen werde.»

Ein paar Tage darauf kam eine nette Karte, gedruckt in einer Druckerei in Wijstad, mit einer Einladung an die ganze Gesellschaft zur Eröffnungsparty zu vorgegebener Zeit. Dies gab Mrs Storens Ärger den Schlussstreich. Als alle wie gewöhnlich lachend beisammen sassen, kam ein verschwörerisch blickender Captain Wermus dazu. Er hatte seit der letzten Auseinandersetzung das Haus gemieden, jetzt jedoch war er da, lächelnd wie immer. Mrs Storen brachte ihn dazu, zuzugeben, an Mrs Grabos Auszug beteiligt zu sein, und er tat das offen und berichtete fast alles.

Ausser der Hauptsache, dass er mit seinen alten Gefährten nicht recht glücklich sei und deshalb sein Abendessen auf dem Schiff einnehme oder in seiner Unterkunft, dass er es vorziehe, seine Ruhe allein an einem stillen Ort zu haben, wo ihm niemand nachspioniere, und dass die Witwe Grabo sich nur deshalb entschlossen habe, das Restaurant zu übernehmen, weil sie sich seiner Obhut und seiner Unterstützung sicher gewesen sei.

In der Folge gab er dort mehrere Abendgesellschaften. Bei einer solchen war auch ich dabei, und ich werde Ihnen die Menükarte überreichen.

Im Verlauf des Abends erzählte Mrs Storen dem Captain, dass sie die Weine, welche auf die Insel kämen, nicht besonders schätze. Das aber war ein Fehler, denn von dem Moment an war er in seinem Element und hatte bald die Oberhand.

Er sagte Folgendes: «Ihr Herr Gemahl hat es in der Hand, meine Einkäufe augenblicklich zu stoppen. Aber wir müssen ja etwas Wein haben, es ist nichts als recht, wenn wir von unsern Kunden auch etwas kaufen. An ihm ist es, die Menge zu bestimmen. Ich schaue nur gelegentlich auf die Statistiken. Und zudem haben Sie in Ihrem ganzen Leben sehr wenig betrunkene Männer gesehen, wahrscheinlich nur an diesem einen Tag. Da müssen Sie doch zugeben, das war nicht so schlimm. Eigentlich denke ich, dass es für Sie gut so ist.

Ich könnte Ihnen in Norwegen zeigen, wie viele Piloten auf den Lofoten nichts als Kaffee trinken das ganze Jahr über. Da könnten Sie ihre vor Kälte rot angelaufenen Augen sehen: Sie sehen erbärmlich und unglücklich aus, sie schnäuzen und husten beständig. Ein paar anständige Mahlzeiten mit ein paar guten Flaschen Wein, und sie wären wieder ganze Männer. Auf der andern Seite könnte ich Ihnen im Burgund oder in Bordeaux ein paar Kerle zeigen, ja, sogar alte Gesellen wie mich, mit eimerweise gesundem rotem Blut in den Adern, ihres Lebens froh. Ich könnte Ihnen Typen zeigen, die ihr Leben lang nie Wasser getrunken haben und die, obwohl sie in der Regel etwas kleiner sind als unsere jungen Männer, doch ebenso kräftige Fischer sind wie alle hier oder anderswo.»

Es schien, als ob der Gouverneur seine Meinung teile, der aber sprach selten über Politik, und so kehrte im Raum bald wieder Harmonie ein.

Los geht's!

Die Abfahrt war auf den 19. Juli geplant. Am 18. ging ich in die Stadt, um Mr Lewis zu treffen, den Ladenbesitzer, aber da er zu beschäftigt war, ging ich zum Buchhalter, der wie ein Besessener auf seiner Addiermaschine herumhämmerte. Ich fragte ihn, wie viel ich Mr Lewis schuldig sei.

Er sagte: «Mr Bell, ich kann Ihnen den Betrag nicht genau nennen, bis ich die Rechnungen abgeschlossen habe, das geschieht erst am 21. Dezember; wenn Sie aber etwas Geld benötigen, kann ich Ihnen gleich jetzt Schecks über 600 Dollar ausstellen.»

Das stellte mich sehr zufrieden: Meine zwei Monate harte Arbeit hatten mir über 600 Dollar eingebracht!

Ich suchte Dekker und erzählte ihm davon und sagte: «Sehen Sie hier, Dekker, ich würde Ihrer Mutter gerne etwas bezahlen, denn gewiss hat meine Unterkunft in ihrem Haushalt einige Kosten verursacht.»

Er sagte nur: «Vergessen Sie's, wir können es uns gut leisten, einen Freund oder zwei zu beherbergen, wir sind nicht arm.»

«Well», sagte ich, «ich weiss nicht, wie es ist, reich zu sein, aber ich möchte, dass Sie Ihrer Mutter ausrichten, dass ich mehr als bereit bin, meine Rechnung zu begleichen.»

Ich erzählte ihm, dass meine Familie über lange Zeit in ärmlichen Verhältnissen gelebt hatte, dass mein Onkel beim Tod meines Vaters das Geld für sein Geschäft zurückbehalten habe – nicht dass es etwa viel gewesen wäre, und er ist sorgfältig damit umgegangen. Er nahm immer einen kleinen Lunch in einer Papiertüte von zu Hause mit und sagte, er hasse es, in Luxus zu leben. Meiner Mutter räumte er einige Rechte ein, aber sie starb bald. Ich hatte keine Möglichkeit, an die Universität zu gehen, bis ein Freund meines Vaters etwas Geld dafür aufbrachte, so dass ich zwei Jahre in Deutschland studieren konnte. Aber auch er starb, und seither musste ich mich im Leben irgendwie durchschlagen. Einmal brachte mir der glückliche Zufall eine Stelle bei einem jungen Gentleman, den ich ins Mittelmeergebiet begleiten durfte.

Ich erzählte ihm das alles, doch er sagte nur: «Machen Sie sich darüber keine Sorgen, auf der Reise gibt es sowieso kaum Gelegenheit, viel Geld auszugeben.»

Ich fragte ihn: «Wie viel Geld, denken Sie, muss ich auf diese Reise mitnehmen?»

«Wir können den Captain fragen, aber darüber müssen Sie sich den Kopf nicht zerbrechen», gab er zur Antwort.

Als wir den Captain fragten, regelte der die Sache rasch: «Wenn Sie auf dieser Reise hundert Dollar ausgeben, würde es mich sehr überraschen – nehmen Sie nicht mehr als das mit.»

Die Konstruktion der *Zara* habe ich schon beschrieben, aber ich muss Ihnen noch berichten, wie sie aussah. Sie war 25 Jahre zuvor gebaut worden. Sie hatte ein ebenmässiges Deck mit einem Teakbelag, und die Kommandobrücke war in der Mitte des Schiffs auf dem Mitteldeck. Das Schiff war etwa 200 Tonnen schwer, sehr stark gebaut und hatte einen elektrischen Antrieb, der durch das Kraftwerk in Steendam im Norden von Jilona gespiesen wurde. Der Schornstein täuschte nur etwas vor, denn ausser von einem kleinen Ofen in der Kabine stieg nirgends Rauch auf. Dieser Schornstein war in Ockerfarbe gestrichen und trug einen hellen Ring auf seinem oberen Rand, auf welchem die Empfängerantenne für die Antriebsenergie befestigt war. So war er doch nicht ganz unnütz.

Als mich Captain Wermus das erste Mal über das Schiff führte, war er in solch einer übermütigen Stimmung, dass es wirklich schwierig war zu sagen, welcher Teil seiner Ausführungen ernst war und wo der Spass begann. Als er mir den Maschinenraum zeigte, sagte er: «Das sind Doppelmotoren, die drehen die Welle, die zum Getriebe führt. Und dies», sagte er, indem er auf ein grosses Gehäuse zeigte, «ist das hydraulische Antriebsaggregat, von welchem das Schiff und die Ruderanlage ihre Kraft und ihren Schub erhalten.»

Als ich ihn fragte, welches Öl er verwendete, sagte er: «Zerolene, Texaco, Pennzoil, Pure Penn, Richlub und Mobil Oil, ganz egal. Manchmal mischen wir alles zusammen, denn ich weiss, dass jedes davon gut ist, und ich gehe kein Risiko ein. Aber diese Lager sind so glatt, dass ich sie mit ein paar Löffeln Olivenöl, ja sogar Essig, Pfeffer, Salz und Mayonnaise ausreichend schmieren könnte, um von hier rund ums Kap Hoorn, ja, sogar rund um Diego

Ramírez und auf der anderen Seite von Amerika wieder hoch durch die Beringstrasse bis ins Packeis zu fahren.

Einer der jungen Kerle, die mit mir gekommen sind – Sie müssen wissen, da gibt es viele, die gerne mit mir fahren möchten, und ich lasse sie gelegentlich an einer Fahrt teilnehmen – also, dieser junge Kerl installierte ein Thermometer auf einem Lager mit einer elektrischen Verbindung zur Glocke. Das Thermometer hätte ihn im Falle einer Überhitzung warnen sollen. Er aber schlief neben seinem Thermometer so oft ein, dass ich eine Weisung erliess, nie zu schlafen, ausser gerade hier unter den Glocken des Telegraphenapparates.»

Und wirklich, direkt unter den besagten Glocken befand sich ein komfortabler Lehnstuhl aus Flechtwerk.

«Diese Glocken», sagte er, indem er sie mit einem Schraubenschlüssel, den er aus seiner Tasche zog, anschlug, «kosten ein Vermögen. Die kosten fast so viel wie die Glocken der Notre-Dame in Paris, und die wiederum kosten etwa halb so viel wie die gesamten Kronjuwelen Frankreichs, die zurzeit in einer Glasvitrine im Louvre ausgestellt sind.»

Sie hatten wirklich einen wunderbaren Klang.

«Sie sehen, Mr Bell», führte er weiter aus, «in diesem Maschinenraum gibt es nichts zu tun. Da gibt es keinen Kohlenstaub, ja, es gibt überhaupt auf diesem ganzen Schiff kein Quäntchen Kohle – ja, mehr noch: Wenn ich schon nur von weitem ein Kohleschiff sehe, versuche ich immer, mindestens eine oder zwei Meilen im Luv an ihm vorbeizukommen. So haben diese jungen Kerle nichts zu tun. Manchmal sind sie sehr müde von der anstrengenden Handarbeit während der Fischsaison, und wenn wir in ein wärmeres Klima kommen, werden sie schläfrig. Ich hab solche gesehen, die haben durchgeschlafen von genau hier weg bis hin zum Tejo, an der Küste von Portugal, als die Brandungswelle, die die Schiffsspitze hochschiessen lässt, sie aus ihren leichten Stühlen aufs Deck kippte, so dass sie aufwachten. So begreifen Sie jetzt, weshalb ich die strengen Schlafregeln einführen musste; ich weiche nie von ihnen ab. Niemand darf einschlafen, ausser in Kojen oder in diesem Stuhl unter dem Telegraphen. Wissen Sie, ich kann mir solch teure Glocken nicht überall verteilt im Maschinenraum leisten, und ich hasse billige Glocken mit einem hässlichen Klang.»

Darauf führte er mich zur Kabine, wo wir ein Glas Malaga-Wein tranken, und als ich mich entfernen wollte, sagte er: «Sie sind hier an Bord unser Gast, und ich werde Sie nicht sonderlich hart disziplinieren, aber denken Sie daran: Jedermann kann auf solch einer Reise etwas lernen. Merken Sie sich das: Es wird eine glückliche Reise werden.»

Ich sah, dass er davon überzeugt war.

Als wir ausliefen, da stand die Hälfte der Bewohner von Wijstad an Bord oder an den Quais. Die Quais lagen in der kleinen Bucht, wo die *Zara* üblicherweise anlegte oder ankerte. Sogar die alten Bootsbauer kamen aus ihren Werkstätten und winkten Lebewohl. Viele Leute, darunter der Gouverneur und seine Frau, waren bis zum letzten Moment an Bord. Das Wetter war mild, vor der Bucht war keine Brandungswelle, und so waren wir bald draussen auf dem offenen Meer.

Jetzt muss ich Ihnen die Mannschaft beschreiben. Captain Wermus war sehr beliebt. Er hatte immer eine Warteliste von mehr als zwanzig jungen Kerlen, die begierig darauf waren, mit ihm zu fahren. So liess er sie an einer Fahrt teilnehmen und hatte nie die gleiche Crew bei der nächsten. Auf dieser Reise bestand die Crew aus sechs jungen Burschen als Decksmannschaft und zwei Maschinisten, welche üblicherweise an Land in einer grossen Werkstätte in der Altstadt arbeiteten. Dort führten sie viele Experimente durch, wobei auch Dekker und einige Ingenieure, die auswärts studiert hatten, sehr engagiert waren. Auf dieser Fahrt wollte einer von ihnen, er hiess Drexel, eine neue Maschine ausprobieren, die ich weiter unten beschreiben werde. Von den sechs Burschen an Deck war jeder als Navigator ausgebildet und schon einmal mit der Brigantine, dem Schulschiff, welches sich zurzeit irgendwo im Pazifik befand, gefahren. Ausser ihnen gab es noch eine Köchin, eine Witwe mit einem halben Lohn, die gerne mit der *Zara* reiste.

Die Beziehung zwischen diesen Menschen unterschied sich von dem, was wir für gewöhnlich auf Schiffen unter anderer Flagge sehen. Diese Leute stammten von einer kleinen Insel, sie kannten sich meist alle seit der Kindheit. Aber Disziplin, wie wir sie verstehen, gab es da nicht. So viel kann ich sagen: Ich kann nicht behaupten, dass es irgendwo ein Schiff gibt, welches besser oder sicherer geführt worden wäre oder auf welchem es angenehmer gewesen wäre zu leben als auf dieser *Zara*. Das erkannte ich gleich am ersten Tag, denn wie Sie wissen, war ich schon auf anderen Schiffen unterwegs gewesen. Ich konnte sehen, dass diese Leute einander kannten und vertrauten, und ich musste immer wieder an Worte denken, die ich in Dekkers Bibliothek gelesen hatte, in einer Novelle von Sienkiewicz, wo es hiess: «Die Liebe ist ein festeres Band als die Strenge.»[6]

So ging ich der Musse nach und lehnte über die Reling, schaute hinaus auf das tiefblaue Meer, als Captain Wermus mich rief und sagte: «Ich habe Ihnen gesagt, dass Sie mir direkt unterstehen und dass Sie etwas lernen können. Wenn Sie etwas mithelfen wollen, gibt's jetzt Gelegenheit dazu.»

Wir gingen in die Kabine und von dort in seinen eigenen Privatraum, der komfortabel eingerichtet war. Dort stand ein grosser Tisch, der an den Trennwänden festgeschraubt war.

Aus einer Schublade nahm er einige Papiere, die er vor mir ausbreitete, und sagte: «Kennen Sie den Hafenmeister von Wijstad?»

Natürlich kannte ich ihn nicht.

«Ich habe aber gesehen, wie Sie sich vor kurzem von ihm verabschiedet haben, und Sie haben ihn oft getroffen.»

«Meinen Sie etwa Mr Waterman, den Schiffsbauer?», fragte ich.

«Genau den! Hier ist seine Unterschrift, und er sagte, gemäss den offiziellen Anweisungen hätte dieses Dokument vor der Abfahrt ausgefüllt werden müssen. Aber wir erledigen solche Dinge nach unserer Gewohnheit, hier in Jilona, deshalb überlässt er

---

6 Das Zitat stammt aus dem Roman *Quo Vadis* von Henryk Sienkiewicz (1846–1916).

mir jeweils ein halbes Dutzend Kopien mit seinem Stempel und seiner Unterschrift. Sie müssen jetzt dies alles ausfüllen und die Namen der Crew einsetzen. Ich werde Ihnen einen der Jungen schicken, der Ihnen die Namen und Daten der andern nennen wird.»

Der Matrose kam und gab mir alle Angaben über Alter und Rang, alles, wie es sich gehörte. Das war eine einfache Aufgabe für mich, aber ich konnte ihren Zweck nicht durchschauen. Als ich den Captain später wieder traf, sagte ich ihm, alles sei erledigt.

Darauf meinte er: «So, jetzt wissen Sie, was eine Crewliste ist, in Ordnung. Morgen können Sie die Gesundheitsformulare ausfüllen.»

In der Hauptkabine, die auch der Esssaal war, gab es zwei Tische. Einer war für unsere Gesellschaft mit dem Captain bestimmt, während der andere für die Crew reserviert war. Am Crewtisch nahmen sie das Essen in Gruppen ein, ein Teil kam jeweils etwa eine halbe Stunde später als die andern. Das heisst, fünf von ihnen erhielten ihr Essen vor Schlag acht am Morgen oder Schlag vier während der Hundswache, die andern drei etwas später. Jede Gruppe war ange-leitet vom Steuermann oder vom zweiten Offizier.

Die Köchin nahm ihr Essen immer in der Kom-büse ein, wo sie eine gut eingerichtete Ecke besass mit einem Madeirastuhl, wo sie auch oft las. Die Jungmannschaft hielt sie streng zur Ordnung an. Da gab's keine nassen Socken in ihrer Kombüse, dafür hatte sie eigens einen Platz eingerichtet. Sie sprach kaum mit jemandem ausser mit Ollie, und manchmal kam sie an unseren Tisch nach dem Essen und trank dort mit uns einen Kaffee oder einen Likör.

Wir hatten gerade alle das Abendessen an unserem ersten Reisetag abgeschlossen und sassen im Refektorium, der alte Gouverneur in einem Madeirastuhl, der fast so komfortabel war wie sein eigener zu Hause, als ich in die Runde fragte: «Ich habe vorher nie den Namen *Zara* gehört, können Sie mir darüber etwas berichten?»

«Ich will Ihnen nach kurzer Zeit alles darüber erzählen», sagte der Captain, und als er bald darauf von der Brücke zurückkam, begann er: «Unter der Regierung von Peter dem Grossen …»

«Nein», unterbrach ihn Dekker.

«Also … Unter der Regierung von Katharina von Russland …»

«Nein», widersprach Dekker wiederum.

«Wir müssen den alten Herrn fragen», meinte der Captain.

«Er ist eingeschlafen», meinte Ollie, die neben ihm sass und etwas nähte.

«Als Alexander der Erste oder der Zweite oder wer auch immer auf dem russischen Thron war, da war ein Mann namens Zara Botschafter von … von … von … wir müssen wirklich den alten Herrn fragen. Aber eben, er ist eingeschlafen. Also, ein Mann namens Zara, ein Einwohner der Insel Malta, war Botschafter mit irgendeiner Funktion am russischen Hof. Mit seiner jungen Frau lebte er in St. Petersburg mit Blick auf die Nera, als –

Verdammt, ich bleib wieder stecken!», rief er aus, als er einen kurzen Pfeifton hörte. Er hastete wieder auf die Brücke hinauf. Als er wieder herunterkam, sagte er: «Es ist nur ein norwegischer Walfänger.

Wie ich vorher sagte, sie lebten in einem Haus mit Sicht auf die Nera, als seine Frau eines Winters ein paar junge Leute beim Schlittschuh laufen auf dem gefrorenen Eis beobachtete. Die schienen so leicht und elegant dahinzugleiten, dass sie plötzlich auch den Wunsch hatte, dies zu lernen, und sie liess nicht davon ab, bis ihr Gatte ihr ein paar Schlittschuhe kaufte. Da er selber nicht Schlittschuhlaufen konnte, musste er ein oder zwei junge Damen aus seinem Bekanntenkreis bitten, seine Frau zu begleiten und zu unterweisen, und das taten die dann auch.

Nun ist die Kälte für einige Personen ja nichts Besonderes, aber für Menschen, die es gewohnt sind, in Malta oder an einem anderen warmen Ort am Mittelmeer zu leben, ist sie schon eine ernste Herausforderung. Nach ein paar Lektionen begann die Frau zu niesen, und eines Abends kam sie mit hohem Fieber nach Hause. Die Ärzte wandten ihre ganze Kunst an, um sie zu retten, aber kurz darauf starb sie. Der Gatte wurde fast wahnsinnig vor Kummer, wollte ihren Leichnam mit nach Malta nehmen und liess ihn daher einbalsamieren und in einen Zinnsarg legen.

In der russischen Flotte war aber eine Art Meuterei ausgebrochen. Sie müssen wissen, Mr Bell, dass es in St. Petersburg mehrere Brücken gibt, die über die Nera führen, und Dampfschiffe können sie nicht passieren. Damals ankerten die Schiffe der Flotte draussen im Finnischen Meerbusen und konnten nicht ausfahren. So reiste Mr Zara auf dem Landweg bis zum Golf von Onega am Weissen Meer. Dieser Golf war nicht gefroren, aber Mr Zara konnte dort kein Schiff kriegen.

Er suchte weiter und kam zu einem bekannten Kloster nahe bei Solowezki am Weissen Meer, das durch die Pilgerreisen berühmt ist, die die Leute dorthin unternehmen. Die Mönche leben sehr sparsam, betreiben aber eine Flotte von Fischerbooten, denn die russischen Gläubigen – wir nennen sie Ikonenmenschen – essen Fisch genauso gern wie die westlichen – und die nennen wir die Weihrauchmenschen. Sie waren bereit, Mr Zara eines ihrer Schiffe zu überlassen, und es fuhr mit Ziel Malta aus, um halb Europa herum. Sie trafen aber auf eine derartige Reihe von Stürmen, und es hatte zu jener Jahreszeit kaum Sonne, so dass sie kaum wussten, wo sie eigentlich waren.

Dann aber, eines Nachts, setzte eine Welle sie an einem kleinen, verlassenen Kieselstrand etwa eine Meile nordöstlich von Wijstad ab. Sie überlebten alle, und einer meiner Vorgänger nahm die Russen im nächsten Frühling mit seiner Brigantine wieder zurück zum Weissen Meer. Dies ist das mittlerweile alte, klobige Schiff, welches Sie in einer Ecke der Bucht nahe der Altstadt gesehen haben. Der Sarg wurde nach ein oder zwei Tagen an Land gebracht, und da er aus zwei oder drei Schichten gefertigt war, war er nicht beschädigt, und Zara liess seine Frau auf dem kleinen Friedhof bestatten, den Sie ja kennen, in einer Gruft nahe an der Mauer gelegen. Mr Storen hier war damals der Gouverneur, und die zwei wurden gute Freunde. Zara beschloss, eine Weile zu bleiben, aber der zweite Winter war derart hart, dass ihn mein Vorgänger mit seiner Brigantine in seine Heimat mitnahm. Dieses Schiff wurde nach ihm *Zara* benannt. Wenn wir alle weiterleben und es uns gut geht, dann werden Sie, Mr Bell, ein berühmter Naturwissenschaftler werden, und wir werden ein Schiff nach Ihnen benennen, zumindest, wenn ich etwas zu sagen habe in dieser Sache.»

Ich fühlte mich natürlich von diesen Komplimenten geschmeichelt.

Ich habe schon beschrieben, wie sehr sich die Menschen auf dem Schiff gegenseitig vertrauten. Allerdings denke ich, gab es da eine Ausnahme: Ollie traute dem Captain noch immer wenig. Sie wich ihm aus. Ich kann nicht behaupten, dass sie ihn nicht mochte, aber ihre Charaktere waren zu verschieden. Sie passten einfach nicht zusammen, und sie fand seine Witze gar nicht lustig. Natürlich wusste sie, dass er im Grunde ein ausgezeichneter Mann war, der niemals absichtlich gemein war, und dennoch war da irgendetwas zwischen ihnen, und sie wurde während unserer ganzen Reise ganz gewiss nie mit ihm allein an Land gesehen, nur in Begleitung von Dekker oder Grossvater oder von beiden.

Am nächsten Morgen, nach dem Morgenessen, sagte der Captain: «Sind Sie einverstanden, noch etwas Büroarbeit zu verrichten?»

Und schon bald war ich wieder beschäftigt. Diesmal bestand meine ganze Arbeit darin, das eine Wort *nihil* in grossen Buchstaben in eine dafür bestimmte Stelle zu schreiben. Dieses lateinische Wort bedeutet ‹nichts› oder ‹niemand› und ist die Antwort auf eine Frage in den Gesundheitsformularen. Sie fragt nach einzelnen Krankheiten wie Cholera, Pest oder Gelbfieber in der Crew. Damit wurde festgehalten, dass zum Zeitpunkt des Auslaufens keine solchen Fälle existierten.

«Dies ist erst Ihre zweite Lektion, Mr Bell», sagte Captain Wermus, «und ich bin ganz froh, einen Schreiberling zu haben. Dieses Dokument hätte schon bei der Ausreise von einem Arzt ausgefüllt bereit sein sollen, aber es macht nichts, dass wir es verspätet tun, und Sie können ja beim Ausfüllen ein gutes Gewissen haben. Manchmal hab ich es auch vergessen, und einmal hat die Köchin, die gerade ihren Kaffee getrunken hat dort drüben am Tisch, das Blatt ausgefüllt und unterschrieben, als wir schon halbwegs die Gironde hinauf auf dem Weg nach Pavillac waren. Aber für gewöhnlich brauche ich solche unkorrekten Vorgehensweisen nicht und befolge die Regeln, ganz speziell wenn ich einsehe, dass es nicht zu meinem Vorteil gereicht, sie zu brechen. Dieses Gesundheitsblatt aber ist nur für den Hafenarzt und versichert ihm, dass das Schiff keine Gefahr einer ansteckenden Krankheit bringt.»

Darauf ging er an Deck, und als ich in den Maschinenraum hinunterblickte, sah ich niemanden im Stuhl beim Telegraphen. Dekker sass in der Nähe davon auf einer Bank und war mit Ordnern und Dokumenten beschäftigt.

Ich stieg auf die Brücke und sah dort den Captain mit einem Sextanten in der Hand auf und ab marschieren. «Sind Sie bereit für Ihre erste Lektion in Navigation?», rief er mir zu.

«Einverstanden.»

Darauf sagte er etwa: «Dies ist das seitliche Visier, und dies ist das Glas für den Horizont, und hier ist die Anzeige. Hier müssen Sie hindurchschauen. Jetzt probieren Sie das mal und drehen die Anzeige, bis Sie sehen, wie der untere Sonnenrand den Horizont berührt – der unterste Teil des Sonnenumfangs muss ihn gerade nur berühren.»

Ich tat es drei oder viermal, und er sagte, es sei korrekt so.

Dann fuhr er weiter: «Und jetzt müssen wir das korrigieren auf den Mittelpunkt der Sonne, die Neigung des Horizonts, die Brechung der Strahlen, die Parallaxe und dann das Resultat abziehen vom …»

Ich aber war unterdessen schon die halbe Treppe hinuntergestiegen. Die Wahrheit muss raus: Ich hatte Angst, meine Unkenntnis zu zeigen. Denn von der Hälfte der Fachausdrücke, die er verwendet hatte, hatte ich keine Ahnung. Ich hörte ihn murren. Es war das erste Mal, dass ich ihn verärgert sah.

Ich selber war den ganzen Tag über unzufrieden und dachte: «Ist es denn wirklich so schwer, sich sein Brot ehrlich zu verdienen, und gibt es denn so viel Kopfarbeit in jedem Beruf?»

Am Abend sah ich ihn für einen Augenblick allein, und da sagte er mit einem ernsten Gesicht: «Es hat mir nicht gefallen, wie ich Sie heute weggehen sah. Wenn Sie das noch einmal tun, bin ich gezwungen, meine gute Meinung von Ihnen zu ändern. Was war denn der Grund?»

«Es war nicht richtig von mir, einfach wegzugehen, aber ich fürchtete, meine Unwissenheit über die schrecklichen Worte, die Sie verwendet haben, zu zeigen, und ich möchte Sie um Verzeihung bitten.»

«Das ist nicht so schlimm. Kommen Sie, wir wollen uns den Luís de Camões vornehmen.»

Dies taten wir an diesem Abend zum ersten Mal. Während der vorangegangenen Wochen hatten wir die Grammatik regelmässig studiert, aber unser Vorgehen hatte nicht genau dem, was Wermus festgesetzt hatte, entsprochen, denn der Grossvater war unser Lehrer gewesen. Als er jung war, hatte er eine ähnliche Position innegehabt wie der Captain, und da die Portugiesen, wie alle katholischen Länder, eine Menge Kabeljau essen, war er öfters dort gewesen. Ollie hatte sich den Lektionen angeschlossen. Wir beide wurden nach und nach mit der Sprache vertraut.

Der Captain sagte, wir würden jetzt zwischen Rockall und Island passieren, welches er in weitem Bogen umfahren werde, und dass er eine Landung in Kap Finisterre plane und von dort der Küste entlang fahren werde bis zum Kap von Oporto.

Am nächsten Tag hatte ich meine zweite Lektion in Navigation, und die gelang viel besser als die erste. Ich verstand einen Teil davon, später dann noch mehr, als der Captain mir ein Buch von James Greenwood über die praktische Navigation gab.[7]

Auf der Brücke, vor dem Steuermann, befand sich ein grosser Kompass auf einer Säule aus Teakholz, und auf derselben Säule war ein Instrument befestigt, das dem ähnlich sah, welches ich in Elmers Flugzeug gesehen hatte, dem sogenannten *Pathfinder*. Der aber war nicht in Betrieb, und als ich danach fragte, meinte der Captain, es wäre reine Papierverschwendung, ihn jetzt bei klarem Wetter laufen zu lassen. Er meinte, für Nebel sei er ausgezeichnet, und wenn diese verdammte neue Maschine, an der sie in Jilona

---

7   Vermutlich handelt es sich um James Greenwoods *The sailor's sea-book: Rudimentary treatise on navigation*, Lockwood 1879.

herumprobten, einmal laufen würde, dann könnte er quer durch die Bahamas fahren bei dichtestem Nebel – wenn's dort solchen gäbe – mit zwei schlafenden Maschinisten an Bord.

Ich glaube, es war am Abend des fünften Tages, als wir die Lichter von Kap Finisterre sahen. Der Mond war kurz nach Sonnenuntergang aufgegangen, ein feurigroter Ball, und wie er langsam aufstieg, verlor er allmählich seine starke Farbe und stand bleich und hell über den dunklen Bergen, welche wir in der Ferne erblickten.

Wir wechselten unsern Kurs, und der Captain sagte mir, wir wären jetzt nur etwa 120 Meilen vom Riff von Oporto entfernt. Der Schwell war jetzt viel heftiger als an den Tagen zuvor, das Schiff machte ständig eine rollende Bewegung, wie ein Zapfenzieher. Zuerst hob eine der grossen Wellen den Bug hoch, dann rollte das Schiff zur Seite, worauf bald das Heck hochgehoben wurde. Als ich in Richtung Land blickte, erschienen die Wellen höher als die Berge, einige standen besonders hoch, während wir im Tal dazwischen lagen, so dass ich weder die Küste noch die Berge mehr sehen konnte. Sie schienen so mächtig und gewaltig schnell, dass ich mich wunderte, dass sie das Land nicht überschwemmten. Captain Wermus sagte, dass hier ein Sturm aus nordwestlicher Richtung gewütet habe und dass wir die Brandungswelle nicht wie geplant am nächsten Morgen passieren könnten. Also plane er Leixões anzulaufen, dann werde der Landwind das Wasser tagsüber etwas glätten. Denn, so sagte er, der Landwind würde im Sommer jeden Tag wehen, gelegentlich aber nur am Morgen.

Ankunft in Portugal

Das Wetter entwickelte sich so, wie er es vorausgesagt hatte. Wir fuhren im Hafen von Leixões ein, der zumindest teilweise künstlich angelegt ist, mit einer mächtigen Mole als Wasserbrecher, über welche jetzt die Wellen schlugen. Wir ankerten an einem Platz, den uns der Hafenlotse angegeben hatte, und bald erschienen der Arzt und der Zöllner, und wir händigten ihnen die Formulare aus. Alle hatten wir mit dem Captain an den vorangegangenen Tagen zusammengestellt. Neben den beiden erwähnten, der Crewliste und dem Gesundheitsformular, waren da noch mehrere Papiere, die der Schreiber in Lewis' Laden auf derselben alten Schreibmaschine ausgestellt hatte, auf der Captain Wermus seine Menükarten tippte, dazu noch ein paar Formulare über die Ladung für die Agenturen.

Wir sassen am Frühstück, als Wermus rief: «Verdammt, wir bekommen keinen Wagen!»

Und als ich aufs Meer vor dem Hafen schaute, sah ich einen grossen Dampfer einlaufen. Es war die *Anthony*, eines der Linienschiffe, welche gewöhnlich zwischen Lissabon oder Madeira und Pará oder Manaus am Amazonas unterwegs waren.

Der Captain fragte mich, ob ich an Land kommen und etwas dazulernen möge.

«Sicher», antwortete ich.

Dekker war gerade in die Lektüre eines Buches vertieft, daher wollte er nicht mitkommen. Bevor wir mit einem der Landungsboote übersetzten, kam ein Boot mit einem Korb, der mit Weinblättern zugedeckt war, aber ich konnte erspähen, was darunter war: Zitronen, der erste Nachschub für die Medizin des alten Gouverneurs. Ein Handelsvertreter hatte sie geschickt.

Das Dorf Leixões ist nichts Besonderes. Der Hafen war erst vor kurzem gebaut worden, aber es gab ein paar Fischerboote. Wir sahen sie am nächsten Tag ausfahren, und sie sahen gut aus. Einige waren in einer kleinen Bucht an Land gezogen worden, und der Captain empfahl, dass ich sie mir gut ansehen sollte.

Er sagte: «Kommt Ihnen daran etwas bekannt vor?»

«Sie haben dasselbe tiefgelegte Ruder wie einige von Ihren.»

«Genau, und ich werde Ihnen im Auto alles darüber erzählen.»

Wir waren jetzt an Land, und es kamen viele Landungsschiffe vom grossen Linienschiff an. Es existiert eine Kutschenverbindung nach Oporto, aber die meisten Leute ziehen den Autotransport vor. Einige der Motorwagen standen bereit und warteten, die meisten waren schon mit Passagieren besetzt und starteten Richtung Oporto, welches nur ein paar Kilometer südlich liegt.

Wir standen und warteten, als zwei sehr grosse und kräftige Männer, offensichtlich Brüder, gut aussehend und gut angezogen, an uns vorbeigingen und zum Captain sagten: «Warten Sie auf einen Wagen? Wenn ja, dann können wir unseren gerne mit Ihnen teilen, es hat da auch für Sie noch genug Platz.»

«Sehr gerne», antwortete er, «wir werden mit Vergnügen dieses Erlebnis mit Ihnen teilen.»

«Da gibt's kein besonderes Erlebnis», sagte der eine von ihnen, und er stellte sich und seinen Bruder vor.

Ich erinnere mich gerade nicht mehr an den Namen, aber sie waren die Söhne eines Weinhändlers aus Kopenhagen, der am Handel per Schiff interessiert war. Der Captain kannte den Namen des Vaters und meinte, er habe oft Rechnungen über Schiffsladungen in der Hand gehabt, die für ihn bestimmt gewesen waren. Der Vater war im vergangenen Jahr gestorben, und der ältere der Söhne hatte das Geschäft übernommen. Sie waren zum ersten Mal ausgefahren, um die verschiedenen Händler kennenzulernen, welche sie mit Weinen aus dem Süden versorgten, und um die Freundschaft mit ihnen, die der Vater gepflegt hatte, zu erneuern. Der andere war in einem anderen Geschäftszweig tätig, Zündkerzen, denke ich, hat er gesagt, und er war nur als Begleitung seines Bruders und zu seinem eigenen Vergnügen mitgekommen. Beide waren sehr angenehme Begleiter, aber ich war froh, dass der Wagen recht gross war, denn jeder von ihnen wog gut fünfzehn Kilo mehr als der Captain, der ja auch kein Leichtgewicht war. Es stellte sich heraus, dass sie zum selben Büro unterwegs waren wie wir.

Der Captain war bald mit seinen Partnern im Gespräch, und ich streunte auf der Strasse herum und sah mir die Ochsenkarren an mit ihren mächtigen Rädern und ihrem seltsamen Zuggespann. Auf dem

Platz war viel los. Die Transportmethoden schienen noch etwas primitiv, aber dennoch effektiv. Ich befand mich nahe beim Fluss und konnte lange Silos sehen, einige nahe beim Wasser, einige weiter oben. Ich war gerade nahe bei der steinernen Brücke, welche über den Douro führt, als ich die zwei dänischen Gentlemen über dieselbe fahren sah. Sie grüssten höflich und winkten mit ihren Mützen. Der elegante junge Portugiese, der mit ihnen im Auto sass, tat es ihnen gleich. Darauf grüsste ich auf dieselbe Weise zurück und verneigte mich höflich, wie ich es bei den Portugiesen gesehen hatte.

Aber bald darauf kam mir Ollie in den Sinn, die auf der *Zara* war und die Zitronen für den Grossvater besorgen wollte, und ich überlegte, wie viele es wohl benötigen würde. Denn ich hatte vom Rechenproblem des Schachbretts gehört, und dass, wenn man ein Korn auf ein Feld legt und die Anzahl bei jedem weiteren verdoppelt, man dann zum Schluss eine unglaublich grosse Zahl auf dem letzten erreichen würde. Ich war gerade daran, mir auszurechnen, ob die Transportmittel der Halbinsel wohl genügen würden, eine solche Ladung zu transportieren, als mich jemand an der Schulter berührte.

Es war der Captain. Er war in Begleitung von zwei anderen Männern, einen davon hatte ich schon im Büro gesehen. Er meinte, da er noch einiges zu erledigen hätte, was für mich von geringem Interesse sei, könne ich einen Rundgang durch die Stadt machen und um drei Uhr wieder im Büro sein. Das tat ich denn auch und sah wunderschöne Landschaften, denn die Stadt ist zum grössten Teil auf recht hohen Hügeln gebaut. Viele Querstrassen gehen darin so steil hoch, dass sie Stufen benötigen und wie grosse Treppen gebaut sind.

Zur abgemachten Zeit traf ich den Captain wieder, worauf auch bald die beiden dänischen Herren erschienen. Aber welch merkwürdiger Anblick! Beide waren betrunken und lümmelten sich in ihren Sitzen. Der portugiesische Herr in ihrer Begleitung schien nüchtern und lächelte, als wäre er stolz darüber, dass er die beiden in einen solchen Zustand gebracht hatte. Er brachte sie zu ihrem Dampfschiff, welches bald danach abfuhr, aber Captain Wermus sagte mir später, dass der Portugiese am nächsten Tag vom Vater eine rechte Schelte erhalten habe. Er war nämlich der Sohn unseres Händlers und hatte sie in die Weinkeller mitgenommen. Dem Händler war das nicht recht, und der Captain schaute ernst drein, aber nur für kurze Zeit. Dann sagte er zum Händler: «Ich hab's! Kennen Sie den Namen des Weinhändlers dieser zwei Dänen in Madeira?»

«Nein», meinte der Händler, «aber vielleicht kann ich ihn in einem alten Bericht ausfindig machen.»

Der Captain aber sagte ihm: «Ich kenne ihn, und ich schreib ihn für Sie auf. Und jetzt gehen Sie geradewegs in Ihr Büro und schreiben einen höflichen Brief an diesen Händler in Madeira, dass Sie erfreut waren, die beiden hier zu sehen, leider nur für kurze Zeit, und so weiter und so fort, ohne irgendwelche Unannehmlichkeiten zu erwähnen. Dann geben Sie den Brief express auf, der wird vielleicht noch mit dem Fünf-Uhr-Zug nach Lissabon reisen und dann mit demselben Schiff, auf dem sie sind, transportiert werden, und sie werden den Brief kurz nach ihrer Ankunft erhalten.»

Der Händler sagte: «Captain Wermus, Sie sind ein grosser Mann, ich fürchtete schon, ich hätte einen Kunden verloren.»

«Sie werden einen besseren haben als zuvor.»

Darauf nahmen wir einen Wagen und fuhren weg. Langsam erkannte ich, dass der Captain nicht umsonst der Einkäufer von Jilona war. Er war zu Recht der Mann für alles. Sein Schiff war nicht ein Dampfer, obwohl es als solcher in den offiziellen Listen und anderswo als *SS Zara* aufgeführt wurde, aber er selbst stand beständig unter Dampf.

Im Wagen bat ich ihn, mir alles über die Schiffe in Leixões zu erzählen, und hier ist der lehrreiche Bericht, den er mir gab: «Das ist eine schwierige Aufgabe. Ich kann Ihnen gar nicht alles darüber berichten, obwohl ich es Ihnen heute Morgen versprochen habe. Der Ursprung der Schiffe, die Sie in Leixões gesehen haben, findet sich in der Region des Nils zur Zeit der Pharaonen, soviel ich weiss. Schiffsbau ist die Königin aller Wissenschaften und Künste und ist uns aus der Antike überliefert worden. Aber wir können den Ursprung all der Modelle nicht genau nachvollziehen, denn von den älteren Schiffen haben wir nur ungenaue Zeichnungen und Bilder. Die ältesten Modelle in den Museen stammen aus dem 15. Jahrhundert.

Wenn wir nächste Woche nach Lissabon kommen, werde ich Ihnen im Marinemuseum eine der besten Sammlungen zeigen, die existieren, und Ihnen die verschiedenen Schiffe erklären. Da sind ein paar Feluken aus Algerien, Kriegsschiffe aus der frühsten Zeit und Fischerboote. Einige sind absichtlich seitlich aufgeschnitten, so dass man die innere Konstruktion des Rumpfs sehen kann. Die meisten sind perfekt und massstabsgetreu nachgebildet bis in alle Details.

Denn, Mr Bell, Sie müssen wissen, dass die Portugiesen einst die waghalsigsten Seefahrer waren und natürlich den Schiffsbau perfektioniert hatten. Durch den Krieg und seine Folgen haben sie im Verlauf der Zeit so manches verloren, aber sie sind immer noch gute Bootsbauer. Einige Boote, die in Lissabon entwickelt worden sind, sind schon fast so gut wie diejenigen, welche Mr Waterman herzustellen vermag. Aber wenn Sie sich dafür interessieren, dann werden Sie bemerken, dass Mr Waterman seine Arbeit perfekt ausführt. Ich kann ruhig sagen, es gibt auf der Welt keinen Ort, wo man Dinge so herzustellen vermag, wie Mr Waterman es tut.

Die Schiffe in Leixões sind für die Bootsbaukunst noch keine besonders guten Beispiele. Sie haben einen flachen Boden, denn sie werden an dieser kleinen Sandbucht an Land gezogen. Der Bug ist tiefgezogen, das ist wahr, aber sie haben kaum oder gar keinen Kiel, deshalb haben sie wenig seitliche Aufrichtkraft, und die Geschwindigkeit und Hartwettertauglichkeit sind in der Folge gering. Das tiefgelegte Ruder kompensiert diesen Mangel in gewisser Weise. Mit ihrem Rigg sind sie im Sommer recht schnell bei Landwind, aber unsere *Harmony*-Klasse würde sie wahrscheinlich sogar in ihren eigenen Gewässern schlagen, obwohl das Rigg viel kleiner und deshalb sicherer gebaut ist. Haben Sie gewusst, dass die Idee für die *Harmony*-Klasse von diesen Schiffen stammte? Ja, Dekkers Vater brachte diese Idee von hier mit.

Aber jetzt sind wir angekommen.»

Rasch waren wir wieder an Bord. Draussen herrschte immer noch ein starker Schwell, aber nicht zu vergleichen mit dem am Morgen. Am Abend lasen wir ein paar portugiesische Zeitungen. Aber vom Captain gab es keine weiteren Lektionen, denn er sass in Gespräche mit einem portugiesischen Herrn vertieft an einem der Tische, sie teilten sich eine Flasche. Ich glaube, Ollie dachte, sie heckten einen Streich aus, ich aber war überzeugt, sie redeten über Geschäfte. Er hatte mir, als wir an Bord kamen, gesagt, dass er den ganzen Tag über noch nichts gegessen habe, nur ein kleines Glas Portwein habe er im Büro der Agentur am Morgen getrunken, jetzt war es also höchste Zeit dafür. Seine machiavellistische Eigenart soll später aufgezeichnet werden.

Sie werden gemerkt haben, dass ich am ersten Tag in Leixões nicht gesehen hatte, wie der Grossvater seine erste Zitrone verspeist hatte. Ich wusste nicht einmal, ob er die Kur schon begonnen hatte. Am Morgen sah ich Ollie mit einigem Ungeschick ein Werkzeug handhaben. Ich dachte, es sei eines aus Captain Wermus' Arsenal zur Zubereitung von Cocktails und anderem Zeug, das er in seinem Buffet aufbewahrt hatte. Es war eine Zitronenpresse, und bald hatte sie zwei grosse Zitronen ausgepresst. Der Saft füllte mehr als die Hälfte des Glases.

Sie wollte es Grossvater gerade bringen, als er kam und sich in seinen Stuhl setzte. Er nahm das Getränk und stürzte es rasch herunter. Aber Sie hätten sein Gesicht einen Augenblick später sehen sollen! Alles zog sich zum Mund hin zusammen, welcher so schmal geworden war, dass keine Haselnuss hindurchgegangen wäre. Unzählige Falten verliefen von da aus in alle Richtungen über sein Gesicht, so weit man sehen konnte, bis hin zu seinem weissen Bart, und er verdrehte die Augen wie die heilige Cäcilia, als sie die Orgel zerstörte und das Cello an sich nahm – oder umgekehrt – auf dem Bild von Raffael. Das war, noch bevor er seinen Mund wieder entspannen konnte, und das ging dann auch nur halbwegs.

Die Steuerbordseite[8] blieb zusammengezogen, bis wir die Woche danach in Lissabon ankamen. Da fand dann Captain Wermus, der seine Hoffnungen schon dahinfliessen sah, nachdem er ein paar Dutzend Zitronenarten auf dem Früchtemarkt ausprobiert hatte und sein Mund bald so verrunzelt war wie der des Grossvaters, endlich eine andere Art Zitrone, welche nicht gar so sauer war.

Als Grossvater seine Steuerbordseite wieder entspannt hatte, da fragte er: «Hat der Doktor nichts gesagt von Zucker oder so?»

Aber wir hatten den Bericht nicht an Bord. Und während all unserer Tage in Oporto und Lissabon versuchte ich, ein anderes Exemplar der Zeitschrift zu finden, fand aber nichts, auch nichts Vergleichbares in einer anderen Zeitung. Aber Ollie fügte von diesem Tag an dem Zitronensaft etwas Zucker bei.

Wir kamen in eine Brandung, die zu dem Augenblick ganz schrecklich war. Es sah so aus, als führen wir direkt in eine hohe, dichte, schneeweisse Schaumwand. Da lag das Wrack eines Dampfers, keinen

---

8   Die rechte Seite.

Steinwurf von uns entfernt. Dann waren es nur noch zwei oder drei grosse Wellen, die mit der Zeit kleiner wurden, bis wir dann im ruhigen Flusslauf waren.

Dann half ich ein wenig mit, die Ladung zu überprüfen, und der Captain meinte, ich würde wahrscheinlich einen guten Ladungsoffizier abgeben. Ich wusste nicht genau, was das war, er aber meinte nur, er würde es mir ein anderes Mal erklären. In Oporto war er wirklich beschäftigt. Wir löschten etwas Fisch, ein Teil davon war in Bündeln verpackt, ein Teil in grossen Büchsen, welche zum Transit zur Westküste von Südamerika bestimmt waren, eine Destination genannt Puerto Montt. Einige Portionen Schwefel, ein Produkt aus Jilona, waren ganz unten, und wir mussten sie herausnehmen, als wir etwa 100 Röhren luden, die für uns am Quai bereitlagen. Die Zeit dort war für mich nicht besonders aufregend, also ging ich täglich an Land, gelegentlich zusammen mit Dekker und einmal mit Ollie und Dekker, als wir einige Kirchen anschauen gingen, die Ollie ausser dem Weihrauchgeruch gerne mochte. Wir schauten uns auch einen grossen Markt an, wo Fisch und andere Produkte in beachtenswertem Überfluss angeboten wurden.

Der Captain unterrichtete uns in dieser Zeit nur einmal. Eines Abends, als ich gerade den *Diário de Notícias* fertig gelesen hatte und der Captain neben mir sass, sagte ich: «Ich sehe jetzt, dass ich wirklich sehr wenig über Portugal gewusst habe, und ich wünschte, Sie würden mir ein Buch darüber leihen oder mir etwas darüber berichten.»

Darauf sagte er, zu den andern gewandt: «Wenn die Gesellschaft so angenehm ist, dann will ich rasch loslegen, bis ich weggehen muss, um meine Kehle mit einem Glas Port zu befeuchten, oder bis ich vor Anker gehe, wenn mir das Wissen ausgeht, was gelegentlich geschieht, wie Sie gerade sehen, dann muss ich viel herumschippern.

Wie Sie wissen, ist Portugal ein Küstenstreifen an der Iberischen Halbinsel. Die Spanier nennen ihr Land *península*, die Halbinsel. Die Portugiesen nennen ihres den Kontinent, um es von den Inseln oder *ilhas* zu unterscheiden, von denen es drei Gruppen gibt: die Azoren, Madeira und die Kapverden, dazu noch eine kleine an der brasilianischen Küste, mit Palmen bewachsen, genannt Fernando de Nocoula, welche jetzt, soviel ich weiss, an Brasilien übergeben worden ist, und dann noch die Savagens oder Python Rocks, unbewohntes Land, wo einige Sturmvögel, die Cagarras, gefangen werden, um damit Handel zu treiben, und die gehören jetzt einem Banker in Madeira.

Wenn die Spanier irgendwo ein Hotel bauen, in Marokko oder auf einer Insel, dann nennen sie es *Hotel Península*. Wenn Sie ein *Hotel Península* sehen, dann wissen Sie, es wird von einem Spanier geführt. Aber die Portugiesen nennen die ihren *Hotel Continental*. Es ist leicht möglich, dass der Ausdruck *Hotel Continental* aus dem Südwesten nach Nordosten gewandert ist. Hier muss er alt sein. Wie auch immer, ich habe oft über dieses Wort nachgedacht. Die Engländer, Schotten und Iren nennen ihre Inseln die British Isles und den Kontinent von Europa einfach ‹den Kontinent›. Auf manchen Eisenbahnkarten werden Sie die Anmerkung ‹Strasse zum Kontinent› finden. Das gilt natürlich für beide, die Engländer wie die Portugiesen aus den Inselgebieten. Aber die Amerikaner nennen Europa auch oft ‹den Kontinent›. Das ist eigentlich falsch. Wenn ein Einwohner von Martha's Vineyard, zum Beispiel, zu mir sagt: ‹Auf dieser Insel und auf dem Kontinent›, dann wäre das normal, aber dieser Kontinent wäre dann Nordamerika.

Hier aber besteht der ‹Kontinent›, wie sie ihn nennen, aus sechs Provinzen, von welchen die südlichste, Algarve genannt, in früherer Zeit unabhängig war, und die Bevölkerung waren wilde Kerle, mehr als die Hälfte von ihnen waren Piraten und Krieger im Kampf gegen die Mauren, welche damals ein mächtiges Volk waren. Und, Mr Bell, ich kann Ihnen versichern, die haben ein paar gutaussehende Feluken gebaut, die Sie sehen können, wenn ich sie Ihnen im Schifffahrtsmuseum in Lissabon zeigen werde.

In dieser Provinz, nahe beim Kap St. Vincent, führte Prinz Heinrich der Seefahrer seine Seefahrtsschule, und ich kann Ihnen versichern, daraus gingen einige Seefahrer hervor, die sich in der Welt einen Namen gemacht haben. Darunter finden Sie unter den ersten Luís de Camões, der den Indischen Ozean befuhr und das Kap der Guten Hoffnung umrundete und sagte: ‹Por mares nunca dantes navegados – wo vorher noch niemand das Meer befahren hat.› Er hat ein Auge verloren im Indischen Ozean, ich glaube es war in Goa. Das ist immer noch eine portugiesische Kolonie im Indischen Ozean, wo sie noch zwei andere besitzen: Macao, eine Insel an der chinesischen Küste, und die Insel Timor, welche jetzt teilweise an die Niederländer verpachtet ist. Sie finden Produkte von dort, naturwissenschaftliche Exemplare oder Zeugen aller Art, wenn Sie zur Bibliothek der Geographischen Gesellschaft in Lissabon gehen. Ich werde Sie dort einem Herrn vorstellen, der Sie dorthin bringen kann. Unser Freund Camões ist heute neben seinem Gefährten Vasco da Gama in einem Gebäude beerdigt, welches wir in den kommenden Tagen mit Ihnen aufsuchen werden.

Es gehört zum Schicksal Portugals, dass es viele Kriege erlebt hat. Diese erschöpften das Land in starkem Ausmass. Im letzten Jahrhundert verloren sie Brasilien. Noch besitzen sie ihre Kolonien in Afrika, von denen eine oder zwei sehr reich sind und einen grossen Teil der Kakaonachfrage auf der ganzen Welt decken. Die beiden Inseln São Tomé e Príncipe exportieren dagegen nichts aus dem Gebiet der afrikanischen Küste. Alle Produkte werden durch die Dampfer der *Empresa Nacional* auf dem Transitweg nach Lissabon geschifft, und diese Gesellschaft wird dadurch reich. Zurzeit fahren nur zwei oder drei ihrer Dampfer zu den Inseln, die übrigen Transporte werden durch Schiffe anderer Nationen übernommen.

Das Klima Portugals ist gesund und kräftigend, ich kenne keinen besseren Ort. Wenn Sie sich nicht zu viel im Haus aufhalten, dann können Sie in Lissabon kaum eine Erkältung einfangen; die Temperaturen wechseln nie abrupt. In den letzten 100 Jahren hatten sie nur einmal Frost, und das ist schon lange her. Ich weiss nicht mehr, welches Jahr das war.

Aber jetzt genug für heute – übrigens habe ich jetzt Durst. Ich glaub wirklich, ich hatte heute noch keinen einzigen Drink, ausser einen kleinen zum Abendessen.»

Also genehmigten wir uns einen Drink und gingen schlafen.

Sicher, der Captain wusste einiges. Da hatte ich mich gerühmt, in Deutschland während zweier Jahre Botanik studiert zu haben, und dieser Captain, welcher nie eine Schule ausser der in Jilona besucht hatte, wusste mehr als ich über jedes Fachgebiet, wahrscheinlich inklusive Botanik.

Ich glaube, es war ein oder zwei Tage später, als wir den Douro gegen Abend verliessen. Die Brandungswelle war nicht mehr so schlimm, aber draussen herrschte ein langer Schwell. Er war aber abgeflacht gegenüber dem von vorher, und so waren die Bewegungen des Schiffs recht angenehm. Der Captain ging auf Kurs, und ich war während langer Zeit bei ihm auf der Brücke.

Nach dem Abendessen war es Ollie, welche den Captain daran erinnerte, dass er versprochen hatte, uns eine weitere Lektion zu geben.

«Ganz gewiss», sagte er, «aber wo bin ich steckengeblieben?»

«Sie sind nicht steckengeblieben, aber Sie waren gerade daran, uns zu erzählen —»

«Macht nichts», sagte er, «ich erinnere mich jetzt wieder. Ich bin bei einer kleinen Feluke hängengeblieben, dieser kleinen Feluke im Schifffahrtsmuseum von Lissabon, welche ich in früheren Diensten während fast einem halben Jahrhundert gesegelt bin. Wissen Sie, Mr Bell, wir können mit einer Feluke ebenso gut segeln wie mit irgendetwas anderem, obwohl ich noch nie so etwas Grosses und Mächtiges wie ein Lateinersegel gehandhabt habe. Ich wüsste nicht einmal, wo das Schot befestigen, wenn es sich freimachte.

Aber nur so zum Spass hätte ich es gerne, wenn Mr Waterman mir eins bauen würde, das würde ich dann mit Fisch beladen. Wir würden das rasch herausbekommen, Mr Bell, und bei schönem Wetter alles über das Lateinersegel herausfinden, und uns später dann den Herausforderungen der stürmischen Böen stellen. Wir würden dann durch die Meerenge von Gibraltar segeln, wo die alten Piraten herumzukreuzen pflegten, und dann auf der andern Seite der Halbinsel wieder hoch, einen Abstecher nach Almería machen und zum Kap von Gata und dann nach Italien hinüber direkt in den Hafen von Livorno, um den schiefen Turm von Pisa zu besuchen, welcher von dort nicht weit entfernt ist, etwa sechzehn Kilometer oder so im Norden. Denn ich habe heute herausgefunden, dass das für uns jetzt ein guter Markt wäre und dass wir für unseren Fisch dort einen guten Preis erzielen könnten, einen sehr guten sogar.

Haben Sie diese nette kleine Brigantine aus Italien gesehen, mit dem langen Bugspriet, der weit über den Bug herausragte, und mit einem tiefgezogenen vorderen Rahsegel, welche hinter uns im Douro lag? Sie brachte Schwefel aus Sizilien, eine kleine Menge, eine armselige Ladung. Und für die Rückfahrt hatte sie keine Ladung, ausser ein paar Kisten Portwein, denn zu Hause haben die eine Menge eigenen Wein. Diesen Wein hier haben sie nur genommen, weil ein paar Engländer, welche Italien bereisen, gerne diesen Portwein trinken, und so wird er dort gut verkauft.

Ihr Captain dachte daran, auch ein paar Steine als Ballast mitzunehmen.

Das hat mich auf eine Idee gebracht: Ich bat Mr Ramos, eine ihm bekannte Person in Livorno anzurufen, welche im Fischhandel tätig ist, und ihn über den Preis zu befragen. Und der war gut. Der Kapitän der Brigantine, der zum halben Anteil auch ihr Besitzer ist, packte die Gelegenheit, und nach ein paar Weinen, Telefonaten und einem Besuch bei der Bank, da waren wir uns handelseinig. Der Italiener übernimmt jetzt mehr als die Hälfte unserer Fischladung. Ich habe aber von den hiesigen Fischhändlern erfahren, dass sie gerade knapp an Kabeljau seien, und dass es ihnen sogar recht wäre, wenn ich eine weitere Ladung vor Ende August brächte. Wenn die nicht so begierig darauf gewesen wären, dann hätte der Italiener wahrscheinlich noch mehr genommen und unser Profit wäre noch höher gewesen. Aber Mr Ramos hat sich das ausgerechnet, und er ist uns jetzt sehr wohlgesinnt, denn ich habe ihm einen kleinen Dienst erwiesen seit unserer Ankunft hier, und er sagte, ich hätte gut und gerne 4000 Dollar verdient durch unsern Handel.

Und wissen Sie, Ollie, weshalb ich Ihnen das alles erzähle? Wegen Ihrer Mutter. Wenn sie das nächste Mal meine kleinen Dinnerparties kritisiert, dann erzählen Sie ihr, was ich Ihnen jetzt gerade erzählt habe. Meine kleinen Parties sind nicht immer nur lustig. Sie gleichen manchmal eher Leichenmahlen, und manchmal wünschte ich, lieber an Bord zu sein, anstatt alle Händler zu unterhalten und zu verhindern, dass die Gäste mir mit der Nase im Teller einschlafen, bevor der Fisch und alles andere abgeräumt ist.

Sich zu beeilen ist manchmal etwas Gutes, aber je älter ich werde, desto eher sehe ich, dass alles mit Bedacht gemacht werden muss; und ob gut oder schlecht, diese Dinnerparties sind eine Gewohnheit, die ich zu eurem Nutzen pflege.»

Diesen Abend war er ungewöhnlich verdriesslich gestimmt, trotz der 4000 Dollar, die er ergattert und erfeilscht hatte. Und wir hörten von ihm nichts mehr über Portugal.

Den Tejo hinauf nach Lissabon

Am nächsten Morgen früh änderte er unseren Kurs mehrere Male und fuhr dann in die Mündung des Tejo, durchquerte die Brandungswelle, die hier nicht schlimm war, und dann fuhren wir an unserer Backbordseite an einem mächtigen, massiven Turm vorbei, aus grauen Steinen erbaut. Es ist eine liebliche Gegend, durch die man so den Tejo hinauf segelt, noch selten habe ich aus Distanz etwas so Märchenhaftes gesehen.

Captain Wermus rief mich auf die Brücke, wo auch schon der Lotse stand und die Umgebung erklärte: «Sehen Sie dort drüben dieses lange, hellrot gestrichene Gebäude? Und sehen Sie den Fleck dort, der noch etwas heller aussieht? Das ist jetzt repariert, aber noch vor kurzem war dort das Loch, welches von einer Granate aus einem Kanonenboot geschossen worden war, als sie den König Manuel verjagten. Er floh durch den Garten hinter dem Haus und fuhr weg mit einem Automobil. Jetzt aber habe ich zu tun, ich will Ihnen später mehr darüber berichten.»

Die *Zara* war hier offenbar erwartet worden – zumindest von einer Person. Denn sobald der Arzt weggegangen war, kam ein Boot mit zwei Männern an den Rudern und einem dritten, der im Bug stand, geschützt durch das Schanzkleid. Zu seinen Füssen lag eine hölzerne, recht grosse Kiste, und in seinen Händen hielt er einen riesengrossen Strauss voller prächtiger Blumen. Ihre Stengel waren in Papier eingewickelt und von einem feinen Band umwickelt, an welchem eine Visitenkarte hing. Als die Kiste an Deck transportiert wurde, konnte ich die Adresse lesen, welche darauf gemalt war: «Seine Exzellenz Senhor Captain Wermus, Dampfer *Zara*». Eine zweite Visitenkarte steckte in einem Spalt der Kiste.

Der Blumenstrauss verschwand bald in der Kabine, er war für Ollie bestimmt. Auf der Karte stand, übersetzt: «Für Ihre Exzellenz, die schöne Passagierin, deren Name unglücklicherweise dem Absender noch unbekannt ist, als Zeichen der Verehrung.» Und die Unterschrift auf der Karte lautete: «Arthur de Avellar vom Ministerium für Agrikultur, Mitglied der Geographischen Gesellschaft von Lissabon. Korrespondierendes Mitglied der Geographischen Gesellschaften von Paris, Wien und Budapest» – und ich glaube, noch einiger anderer Städte mehr. Ich achtete nicht auf ein ‹Bitte wenden›-Zeichen, denn ich hatte den Text auf der andern Seite schon gesehen. Das war also von einem der Freunde des Captains. Seine machiavellistischen Pläne begannen zu funktionieren. Ich wusste damals noch nichts über den Inhalt der Kiste, aber sicherlich war sie schwer. Und ihre Ausmasse liessen vermuten, dass es sich um Flaschen handelte.

Diese portugiesischen Herren sind auf liebenswürdige Weise höflich, wenn es ihnen drum ist, und so gab Mr Avellar Ollie etwa eine Stunde Zeit, sich herauszuputzen und ihre Nase zu pudern, was darauf schliessen lässt, dass er sie nicht kannte. Sie brauchte so etwas nicht, um präsentabel auszusehen.

Er kam, wie gesagt, etwa eine Stunde später, und ich habe noch nie einen besser aussehenden Gentleman getroffen, obwohl es Kleidungsstücke gab, die sehr eigentümlich waren, aber für ihn charakteristisch, und welche oft dazu führten, dass er in den lokalen Zeitungen karikiert wurde. Da war zuerst sein Hut: Der hatte nicht die übliche Grösse, sondern war gross und in matten Farben. Sein Haar, sein Schnauzbart und sein kleiner Spitzbart waren ganz weiss, wie der des Grossvaters, obwohl er erst etwa im Alter des Captains zu sein schien. Aber seltsamerweise waren seine Augenbrauen schwarz wie die Nacht und so kräftig wie einiger Männer Schnurrbärte. Auch sein Gesicht war besonders: Es war rot, als hätte er einen leichten Sonnenbrand, die Nase war sogar noch etwas röter und sehr markant. Er sah stark aus und war sehr gross, und seine auffallend gut geformten Beine wurden durch ein Paar enge Hosen betont. Sein ganzer Anzug war in brauner Farbe gehalten, aber gut und praktisch, sein Gilet war unbefleckt weiss und bedeckte seinen leicht hervorstehenden Bauch, darüber hing eine breite Goldkette. Seine Füsse waren klein, schön geformt wie bei einem arkadischen Jäger, und von einem Paar schicker Schuhe bekleidet, die ebenfalls sonderbar waren, indem sie weder Schnallen noch Schuhbändel hatten. Ausser Sohle und Absatz waren sie aus einem einzigen weichen und genau angepassten Stück Leder gefertigt.

Als er ankam, rief ich den Captain, und Sie hätten die Verbeugung sehen sollen, mit welcher dieser begrüsst wurde. Avellar zog seinen Hut, so dass man sein feines, weisses Haar sah, machte eine tiefe Verbeugung und sagte: «As minhas boas-vindas, meu

Capitão» (Ich heisse Sie willkommen, Captain). Er schüttelte ihm die Hand, und die beiden lachten schallend, und sie klopften sich gegenseitig auf den Rücken, wie ich das oft bei den Portugiesen gesehen hatte.

Danach wurde ich als Naturwissenschaftler vorgestellt. Mr Avellar war sofort sehr freundlich zu mir und hielt eine nette Ansprache. Aber Ollie! Als wir nach einer Weile zu ihr gingen, war sie sofort von ihm eingenommen. Avellar brachte den Grossvater zum Lachen und versetzte ihn in eine gute Laune, wofür Ollie so dankbar war, dass sie vor Lächeln nur so strahlte.

Sein Besuch war kurz und höflich. Mit dem Captain gab es kein längeres Treffen, aber ich sah, wie er ihm geradewegs ins Gesicht blickte und ihm kurz zuzwinkerte mit seinem linken Auge, und dann das Schiff verliess. Als aber die Kiste geöffnet wurde, enthielt sie neben einem Dutzend Flaschen einen Brief, den auch ich sah, und der Captain hatte gesehen, dass auch ich gesehen hatte, und war darüber nicht so erfreut, und Sie werden sehen, wie sehr er sich anstrengte, den Unwissenden zu spielen, indem er mich am Abend austrickste.

Als wir eine der Flaschen zum Abendessen öffneten, stellte sich heraus, dass der Wein sehr gut war. Es waren lange Flaschen, aus hellgrünem Glas, wie sie für einige Moselweine verwendet werden. Die Etikette war sehr elegant und darauf stand: *Salvaterra de Magos, Estilo Sauternes, Companhia Vinícola do Norte de Portugal.* Ich hatte noch nie so elegante Flaschen gesehen, im Gegensatz zum Captain, denn der brachte zum

Essen spezielle Gläser wie die Rheinweingläser in Deutschland, mit einem breiten Fuss und einem gelblichen, runden Kelch.

Es war offensichtlich: Der Captain führte etwas im Schilde, als er fragte: «Mr Bell, wo bin ich gestern oder heute Morgen oder schon früher steckengeblieben? Ich habe das vage Gefühl, ich hab da verschiedene Garne der Geschichte in meiner Hand, alle verheddert, und obwohl ich es verstehe, daraus einen Knoten zu machen, müssen Sie zugeben, dass es schwierig ist, wenn die Enden nicht sichtbar sind.»

Da sagte ich: «Es war die Flucht des Königs, die Geschichte und Geographie von Portugal, die 4000 Dollar, die Sie ergattert haben, und die Feluke und … und −»

«Richtig, die Feluke, wir könnten da weitermachen. Wie gesagt: Ich bin mit diesem Rigg nicht so vertraut, aber auch wenn sie es schafft auf einem langen Schlag am Wind, so habe ich keine Erfahrung, wie sie sich beim raschen Kreuzen verhält, und Sie werden sehen, dass ich mehrere Anläufe nehmen muss, wenn ich durch die Revolution segeln soll, durch die Geschichte und durch die Geographie, die 4000 Dollar, um dann bei einer Einladung zu landen, die wir für Übermorgen erhalten haben.

Dabei muss ich noch einmal nach Oporto zurückkehren, denn ich habe dort noch etwas vergessen, und zu den Fieberdistrikten im Norden Portugals, worüber ich heute einen Brief von Mr Avellar erhalten habe. Dies wird eine lange Erzählung, fast so schwierig, wie durch die Bahamas zu segeln. Meinen Sie, ich kann das alles ausführen, ohne meine Kehle mehr als einmal zu befeuchten? Und ich habe da noch etwas bei diesem schiefen Turm vergessen und muss dahin zurückgehen, und dann, wenn wir den König Carlos treffen und das Loch in der Wand, dann können wir im Vorbeigehen gerade noch den Fischmarkt und das Aquarium mitnehmen, denn dort gibt es ein hübsches Modell eines Fischerbootes, welches seitwärts segelt beim Netze schleppen, und überhaupt muss ich Sie mit Avellar bekanntmachen.»

«Ja, erzählen Sie uns etwas über Avellar», sagte Ollie.

«Soll ich mit ihm beginnen?», fragte der Captain.

«Ich mochte ihn so sehr, dass ich ihn hätte küssen mögen, und doch habe ich nie einen Mann geküsst ausser den Grossvater und … und …»

Darauf wurde Ollie rot wie eine kleine Kirsche, und es wurde mir bewusst, dass sie nach dieser Reise nie mehr dieselbe Ollie sein würde. Sie würde mit dem jungen Kerl zusammenziehen, und sie würden zusammen Geld verdienen. Und der Grossvater würde mit ihnen gehen und seine Rente haben.

Der Captain sagte: «So kann ich dort beginnen. Avellar ist der Mann, den ich am meisten mag in dieser Gegend. Ja, wirklich, Ollie, ich liebe ihn geradezu. Sie hatten richtig vermutet. Sie sehen ihn hier, ein Dandy, aber ich sage Ihnen, er ist ein Riese. Wäre dieser Mann in Amerika geboren, dann wäre er reich und mächtig. Schauen Sie sich seine Hände an: Sie sind schön geformt, gut ausgebildet und sehen doch nicht so stark aus. Er aber kann Sie an der Hand nehmen und Sie dazu bringen, das zu tun, was er will, und Sie würden es gar nicht einmal merken.

Er liebt seine kleinen Dinnerparties und den Abafado[9], den Colares[10], den Vinho tinto[11] und den Ginjinha[12] und Krevettenomeletten, aber er übertreibt es nicht. Er besitzt ein grosses Haus, nicht eines der grössten, natürlich, aber es verschlingt ein Vermögen, solch ein Haus zu unterhalten. Also nutzt er es nicht. Er hat keine Kutsche, obwohl das Haus dafür gebaut ist. Er hat nur zwei Bedienstete, den Gärtner und seine Frau, die Köchin und Haushälterin ist. Und er bezahlt sie gut. Aber er isst dort nur das Frühstück und geht dann aus und nimmt sein Abendessen einmal da, einmal dort. Mittagessen nimmt er keins, wie wir es in Jilona kennen, nur ein Glas Abafado und vielleicht einen Rettich. Er ist Witwer und hat drei Kinder, zwei Mädchen und einen Jungen. Der Sohn ist verheiratet und um einiges älter als die Töchter. Die ältere Tochter ist … warten Sie mal.»

Er ging in seine Kabine und holte dort ein kleines Buch und schaute nach: «Sie ist 18 Jahre alt. Die Mädchen besuchen eine Schule nahe beim Bischofspalast in Ponta Delgada auf São Miguel auf den Azoren. Und er bezahlt das für sie. Der Sohn hat eine Anstellung, aber sein Lohn ist bescheiden, und ich vermute, dass Avellar auch da mithilft. Ja, mit all dem, was er da sorgfältig aufgebaut hat, wurde er doch vermögend. Geld ist ihm nicht so wichtig, und

---

9 Portugiesischer Likör.
10 Portugiesisches Weinbaugebiet, wahrscheinlich ist hier der Wein von dort gemeint.
11 Rotwein.
12 Portugiesischer Sauerkirschlikör.

er selber braucht wenig davon. Aber wissen Sie, wofür er welches benötigt? Für seine Töchter.

Denn Sie müssen wissen, hier geht es anders zu als in Jilona. Hier gibt es keine Gewinnbeteiligung für alle. Viele haben hier weder Geld noch Kredit in einem Laden wie dem von Lewis, und hier erhalten die Witwen keine Rente. Wenn eine Tochter gut heiraten will, dann muss sie Geld haben. Sie erkennen den Unterschied. So wie wir leben, haben wir nicht viel Geld, aber es geht uns allen gut dabei. Ich könnte wetten, der Grossvater hier verfügt über weniger als 1000 Dollar Eigenvermögen; und wie sieht es bei Ihnen aus, Dekker?»

«Ich hatte am letzten 21. Dezember 160 Dollar übrig, und dazu unseren bisherigen Lohn, wie viel ist das in etwa, Jim?»

Ich sagte ihm, es wären etwas über 600 Dollar.

Darauf sagte der Captain: «Und Sie, Ollie?»

«Ich verdiene kein Geld», antwortete sie, «aber wenn wir zu Mr Avellar gehen, dann borge ich mir welches von Dekker.»

«Sie sehen also», fuhr der Captain fort, «wir haben nicht viel Geld, aber wir sind besser dran. Was mich betrifft, ich weiss nicht, wie viel ich habe, ich schaue nie in meine Abrechnungen ausser am 21. Dezember, dann muss ich ja, mit all den Geschäften, sie wissen schon. Aber ich glaube, ich könnte an Land gehen und mit meinen Handelskünsten morgen 100 000 Dollar heimbringen, ohne das Schiff zu verpfänden. Und wenn ich eine beträchtliche Summe bräuchte und Mr Storen nach dem Warum fragte, und ich dann erwiderte, ich würde einen neuen Satz Telegraphenglocken benötigen, oder dass ich Rollen am

Mast gerne vergoldet hätte, dann würde er nur sagen: ‹In Ordnung.› Und Dekker und Grossvater würden dasselbe sagen.

Aber jetzt muss ich alle meine Karten auf den Tisch legen, denn ich weiss, dass Ollie mir noch etwas misstraut. Nur ein wenig, zwar. Doch gerade deshalb möchte ich noch etwas mehr über Avellar erzählen. Er ist ein gelehrterer Mann als wir alle, vielleicht ausgenommen Dekker. Ich sage vielleicht. Er hat in Paris studiert, in Belgien, in Deutschland, als er noch jung war. Damals war sein Vater reich. Aber das Vermögen schmolz, und von all den Ländereien, die sie besassen, blieb nur noch eine übrig, als der Vater starb. Sie liegt ausserhalb der Stadtmauern, etwa fünf Kilometer nördlich von hier. Und Avellar erbte sie und behielt sie bis heute. Er ist von Beruf Bauingenieur, einst war er Oberst und befehligte eine portugiesische Garnison in Macao. Während er dort war, starb seine Frau; seine älteste Tochter war damals, lassen Sie mich nachschauen, Mr Bell, sie war erst sechs Jahre alt. Er war auch in Brasilien als Ingenieur, aber er behielt sein Landstück, denn er wusste, es würde einmal seine Rettung sein. Und als eines Abends ein richtiger Schelm von einem Spekulanten zu seinem Haus kam und ihn fragte, ob er es verkaufen oder vermieten würde, da sagte er: ‹Ich mag Sie nicht, und ich traue Ihnen nicht. Aber›, fügte er mit einer seiner höflichen Verneigungen bei, ‹ich bin froh, sind Sie gekommen, denn Sie haben mich an etwas erinnert.›

Zu all diesem Wissen über Avellar bin ich nicht etwa durch den Gärtner oder Verwalter gekommen, wie es etwa viele Priester anstellen, um Kenntnisse darüber zu erlangen, was in einem Haus vor sich geht und was sie interessiert. Avellar schätzt Priester nicht besonders, aber er hat einen Freund, der ist Priester, ihn werden wir vielleicht besuchen gehen. Er arbeitet als Priester, aber nicht in der Kirche. Er trägt auch keine Soutane, aber er ist ein Erfinder, und man nennt ihn Himalaya. Er erfand eine Art Dynamit, das Himalayit. Er überliess seine Erfindung der Regierung.

Avellars Büro ist nahe dem von Himalaya, aber er arbeitet dort nie, er sagt, es sei ihm zu schmutzig. Nicht dass das Büro so schlecht wäre, aber im Winter ist die Strasse sehr schlammig, die vorbeifahrenden Wagen spritzen, und Avellar fürchtet um seine weissen Anzüge. Aber auch wenn er sein Büro nicht sehr schätzt, so arbeitet Avellar dennoch. Er geht vom einen Ende des Landes zum andern, zu Pferd, zu Fuss oder mit dem Automobil, und nimmt das bewirtschaftete Land für eine neue Karte und ein Grundbuch auf. Und mir ist daran gelegen, dass auch Sie ihn mögen, und wenn er Sie bittet, in sein Haus zu kommen, dann möchte ich, dass Sie alle hingehen.

Avellar liebt seine Töchter, und er hatte Pläne für sie. Unter seinem Land lag ein Steinbruch, und der Stein war von guter Qualität. Die Strassen mussten gepflastert werden, und Avellar erhielt die Verträge dafür, stellte einen tüchtigen jungen Kerl an, und gab ihm den Auftrag, die Steine zu liefern, denn er hat sich um seine eigenen Geschäfte zu kümmern. Ich bin sicher, dass das öffentliche Geld, das für die Pflastersteine ausgegeben wird, bei ihm in guten Händen ist.

So, und jetzt kann ich Sie alle mitnehmen zu jenem schiefen Turm in Pisa, und wir können unser Schiff am Geländer in Lee festmachen. Die Leeseite ist nämlich besser, Mr Bell, das hat mir ein Kapitän einst gesagt, der dort gewesen ist. Von da sehen Sie besser hinunter. Und auf jener Leeseite ist dann ein kleines Mädchen – oder auch ein grösseres –, das hat, wenn es Freitag ist, in seinem Magen ein Stück Kabeljau, und das könnte von einem Fisch sein, den Sie, Mr Bell, gefangen haben. Sie erinnern sich, dass die Brigantine nach Livorno gefahren ist. Sie sind ein junger Mann, der in einem Land geboren ist, das noch nicht entdeckt worden war – wenigstens nicht durch Weisse –, als Jesus Christus kam und den Portugiesen sagte, sie sollten am Freitag Fisch essen und Glocken läuten und Kerzen anzünden und Weihrauch verbrennen. Und dann kann ich Sie auch zum Fischmarkt bringen, es ist der grösste mit der grössten Auswahl auf der Welt. Und Sie werden auch Fisch von dort essen. Da gibt es zwei mächtige Dampftrawler, die Sie bei Tageslicht sehen können. Die können Sie sich ansehen, Dekker, und wenn Sie daran etwas Wertvolles entdecken, sagen Sie es Waterman. Sie haben zwei grosse Kräne für die Trawler, denn sie arbeiten mit Baumnetzen. Die Kräne machen die Schiffe während dem Fischen mit dem Schleppnetz kopflastig, aber sie können sie runternehmen während dem Aus- und Einfahren. Sie fahren zu den Bänken bei den Kapverden, eine weite Reise. Sie haben Eis an Bord, und gemeinsam mit den andern Fischern hier versorgen sie den Markt mit frischem Fisch. Denn hier sind die Leute der Kirche und des Papstes und der Weihrauchbecken, und die sind unsere Kunden. Wenn im Winter die Stürme blasen und dann die Fischerboote und die Trawler nicht ausfahren können, dann essen sie unsern Fisch.

Und dann kann ich Ihnen das Aquarium zeigen: Durch die Glaswand sehen Sie seine lebenden Fische und das Boot, wie es beim Schleppnetzfischen seitwärts segelt. Aber das habe ich Ihnen schon erzählt, und Sie werden es ja dann sehen.

Und ich kann Ihnen einen Palast zeigen, der von den Bomben getroffen wurde, bevor der König floh. Ein alter Regent von Madeira, der ein wenig beschränkt war und seinen Job deshalb aufgegeben hatte, der stand da mit einem Glas in der Hand und schaute über den Tejo. Als ein Schuss kam, riss es ihm das Glas aus der Hand, er wurde aber nicht verletzt. Dieser König Manuel regierte nicht lange. Ich will nachschauen: Bevor König Karl I. von Portugal und der Bruder von Manuel ermordet wurden, gab es einen Gerichtsfall. Seine Majestät der König klagte gegen einen Poeten und Schriftsteller, einen sehr geachteten Mann namens Guerra Junqueiro. Das Gericht wollte ihn nicht verurteilen. Der alte König liegt jetzt in einem Sarg mit einem Glasfenster. Sie können ihn ansehen und seinen Sohn, denn der liegt in einem ähnlichen Sarg.

Einmal, das war bevor König Manuel geflohen ist, da kamen die beiden von der Station Virgen del Rosario her in einer Kutsche gefahren. Als sie über die grosse Strasse nahe der Schifflände auf den Praça do Comércio einbogen, da schoss ein Mann namens Buiça auf die beiden. Die Polizei aber erschoss ihn mit ihren Gewehren. Und dann erschossen sie gleich noch ein paar weitere.

So erschossen sie auch einen noch jungen Burschen, der mit einem Brief an seine Mutter zum Postbüro rannte. Und der Vater dieses Jungen – Sie,

Grossvater, haben ihn gekannt und waren in seinem Haus –, das war Mr Silva Passos, unser Händler in Madeira. Als der Junge tot war, da fand ihn Mr Avellar. Er brachte ihn in sein Haus, liess ihn in einen Sarg einlöten und nach Hause schicken. Deshalb hat Mr Silva Passos keinen Nachfolger, denn all seine andern Kinder sind Mädchen. Avellar liebt seinen eigenen Sohn, und dieser liebt ihn, deshalb wusste er, was mit dem toten jungen Passos zu tun war. Es mag ja sein, dass er seine Schwächen hat, er hat seinen Abafado, seinen Vinho tinto und seinen Ginjinha, aber er ist bescheiden. Sein Sohn ist ein netter Kerl, er lässt sich mit ihm zeigen, und er braucht sich nicht zu schämen, denn der Sohn ist anständig.

So, und jetzt kann ich Sie zurückbringen zu den Treppen und zum Landesteg. Und ich will die Matrosen nicht vergessen, Mr Bell. Die sind keine schlechte Gesellschaft, und wenn unser junger Begleiter mit Ihnen und dem Hafenarbeiter oder sogar mit dem Kohlekranführer an Land geht, so ist's schon recht, ich muss deshalb keinen zurechtweisen.

Aber ich möchte, dass Sie sich Folgendes gut merken, Mr Bell: Als ich einmal im Douro war und in die Stadt ging, da begann es zu blasen. Und die *Zara* driftete. Da kam ein Schiffer daher und rief mich und suchte nach mir in jedem Büro. Und ich gab ihm 20 Dollar, und zwar von meinem eigenen Geld, obwohl ich das Recht gehabt hätte, das Geld der Leute von Jilona zu nehmen. Denn ich wollte ihn entschädigen und ihm etwas Gutes tun. Sie wissen ja, die Leute von Jilona arbeiten hart für ihr Geld. Aber die Kerle an Bord waren auch nicht untätig gewesen, sie liessen den zweiten Anker fallen und der hielt. Ich hatte Vertrauen zu ihnen und wusste, dass sie nicht schliefen. Aber der Schiffer wusste das ja nicht, und ich wollte ihn belohnen und begleitete ihn. Die *Zara* war gerettet. Aber ich möchte, dass Sie sich an den tüchtigen Schiffer erinnern, Mr Bell.»

Geheimnisvolle Vorbereitungen

Jetzt wird es schwierig für mich. Aber ich muss diesen Bericht fertigschreiben. Nicht etwa, Miss Smith, wegen gewisser Herren im Komitee, Sie wissen das. Aber ich fühle eine Verpflichtung unserem Land und der Insel gegenüber. Ich weiss, es wird schwierig werden und ich habe dazu schlechte Voraussetzungen, denn ich kenne das Komitee nicht so gut wie Jilona. Und wenn ich manchmal darüber nachdenke, dann weiss ich nicht mehr recht, was zuerst geschehen ist und was danach. Aber was soll's! Ich muss einfach diesen Report schreiben, sonst kann ich Ihnen nie erklären, wie diese Menschen waren, und wie sehr ich sie liebte, diese Bewohner von Jilona.

Am Morgen kam der Captain mit einem Beleg für eine Ladung an Bord. Er sagte zu Dekker: «Das habe ich bei den Agenturen gefunden, es ist Fracht für uns. Es ist der Dampfkessel und die Dampfmaschine eines grossen holländischen Frachters, der im Flusslauf des Sado bei Setúbal auf Grund gelaufen ist. Das Schiff ist in Brasilien gewesen und war mit einem anderen Schiff unterwegs in Richtung eines grossen Trockendocks. Vielleicht haben sie den Sado für den Tejo gehalten und sind auf Grund gelaufen. Der Dampfkessel und die Maschine sind so gut wie neu. Ich wusste nicht recht, was damit anfangen, und wollte natürlich dem Händler meine Unentschlossenheit nicht zeigen, deshalb kam ich hierher, um Sie zu fragen.»

Und hier spürte ich zum ersten Mal etwas von Dekkers eigentümlicher Fähigkeit: Es war wie eine kalte Welle, die meinen Rücken hinauf- und hinunterlief. Es beinhaltete eine Botschaft, und ich erkannte sie so klar, als ob sie mir gedruckt vor Augen gehalten worden wäre. Sie besagte: «Nehmen Sie den Dampfkessel!»

Ich konnte fühlen, dass der Captain dieselbe Nachricht empfangen hatte, aber er sagte: «Meinen Sie wirklich? Bei Gott, Dekker, sind Sie krank? In Lissabon gibt es doch keinen Typhus!»

Ollie war mit uns in der Kabine. Dekker sagte nur: «Wir müssen.»

Darauf nickte der Captain und sagte: «Wir müssen die *Zara* dafür zum grossen Kran bringen.»

Dann verschwand er in seiner Kabine und ich folgte ihm, denn ich hatte Erbarmen mit ihm. Als wir in der Kabine waren, sagte ich: «Ich hatte dasselbe Gefühl wie Sie.»

Darauf fragte er: «Wann?»

«Gerade vorhin, als Sie Dekker fragten, ob er krank sei.»

«Du meine Güte!», meinte er nur. Darauf setzte er sich, und ich sah ihm an, dass er sich nicht wohl fühlte. Nach einer Weile sagte er: «Ich habe mich wie ein kleiner Schuljunge benommen, ich hätte mich nicht widersetzen sollen.»

«Aber weshalb denn?», fragte ich ihn.

«Haben Sie bemerkt, dass Dekker um Ollie Angst hatte? Sie soll ja keinen Verdacht schöpfen, dass es nicht gut steht um die Insel. Lassen wir sie doch noch für eine kurze Zeit glücklich sein, und wir wollen nicht miteinander streiten!»

Nach einer Weile fügte er hinzu: «Bell, ich werde Ihnen ein Buch geben.»

«Was für ein Buch? Ich habe doch schon das Buch, das kleine, das Sie mir gegeben haben.»

«Nein, nicht das, darin stehen nur Geburtstage. Deshalb konnte ich Ihnen das Alter des Mädchens von Avellar nennen. Auch der hat ein solches Buch. Deshalb konnte ich ihr auch ein Geschenk schicken. Einigen schicke ich zu ihrem Geburtstag einen Brief, andern ein kleines Geschenk. Das schätzen sie.

Nein, das Buch, das ich meine, liegt dort auf dem Schaft; es ist das letzte: *Ferrer.* Sie werden den Namen erkennen. Ich habe es nicht gelesen, das macht nichts aus, es ist ein Schulbuch. Aber Sie wissen, wie sehr ich die *Zara* liebe. Und wenn ich zwischen jenem Buch und was es mir bedeutet, und der *Zara* wählen müsste, dann würde ich mich für das Buch entscheiden, obwohl ich das Buch noch nie gelesen habe und auch den Mann nicht gekannt habe, der es geschrieben hat.

Erst nach dessen Tod zeigte mir Avellar ein Bildnis von ihm und erzählte mir seine Geschichte: Durch eine Erbschaft erhielt er etwas Geld von einer Tante. Er hatte zwei Töchter. Eine von ihnen war Tänzerin, sie hiess Rachel, wenn ich mich recht erinnere. Er ging zu ihr und sagte: ‹Brauchst du von diesem Geld?› Und sie sagte: ‹Nein, Vater, ich lebe von meinem Beruf, mit dem Geld kannst du tun, was dir gefällt.› Auch die andere Tochter fragte er dasselbe, auch sie antwortete: ‹Nein, Vater, ich lebe von meinem Beruf, du kannst mit dem Geld machen, was dir beliebt.›

So liess er mit dem Geld eine Schule bauen. Aber da gab es weder Weihrauch noch Kerzen oder irgendetwas Religiöses in dieser Schule. Darauf nahm ihn die Polizei fest und steckte ihn ins Gefängnis, und die Priester klagten ihn an und verurteilten ihn, und er wurde im Gefängnis von Montjuïc nahe bei Barcelona erschossen. Ich möchte, dass Sie sein Freund sind, dass Sie gut von ihm denken, wenn ich nicht hier bin. Er war wie ein Mann aus Jilona. Er hat noch vor seiner Hinrichtung Einspruch erhoben, dem wurde aber nicht stattgegeben. Und der Mann, der den Einspruch abwies, ist der König von Spanien, und der herrscht über 20 Millionen Menschen.»

Darauf fuhr er fort: «Nach all unseren Erlebnissen sind Sie mein Freund geworden, Bell, und Sie müssen jetzt stark sein. Und ich werde Sie Jim nennen.»

Nach einer Weile fragte er: «Hat Ollie den Weihrauch in der Kirche von Oporto gemocht?»

«Nein, gar nicht.»

«Dachte ich mir's doch», gab er nur zur Antwort.

Am selben Tag brachte Dekker eine amerikanische Zeitung, und darauf las ich die Schlagzeile: *Forscher desertiert von Expedition mit Hilfe von europäischem Piloten*. Dekker lächelte mir zu.

Ich sagte zu ihm: «Da kommen Sie und bringen mir diesen Artikel über Deserteure und Mittäter und lächeln mir zu, so ohne jegliches Mitgefühl? Bin ich denn wirklich ein Deserteur?»

Er aber sagte, immer noch mit einem Lächeln: «Ich werde denen mitteilen, dass das nicht wahr ist.»

«Wie können Sie denn das, Sie haben mir doch gerade eben die Zeitung gebracht?»

Worauf er meinte: «Noseworthy in Neufundland wird es ihnen ausrichten, der ist in Harbour Grace. Und der hat unser Telefon.»

Das war das erste Mal, dass ich diesen Namen hörte. Noseworthy war offenbar ein Mann, dem er vertraute.

Später tauchte Avellar auf. Mit einem Mal schien es, als hätte er eine grosse Hochachtung für Dekker. In seinen Blicken bemerkte ich so etwas wie Bewunderung.

Wir fuhren zu seinem Haus, und Ollie war davon begeistert. Es war noch viel hübscher als das Haus des Gouverneurs in Jilona. Sie wollte alles besichtigen. Alle Möbel, sogar sein Bett, waren aus einem dunkelroten Teak geschreinert. Sogar die Türrahmen waren aus demselben roten Holz gebaut. Der Gärtner trug eine nagelneue Weste, weiss wie Schnee, seine Frau war alt und zierlich, mit einem guten, freundlichen Gesicht, und trug lange Ohrringe. Da gab's auch zwei prächtige Hunde im Garten mit seidenglänzendem Fell, die kamen auf uns zu und freundeten sich gleich an, so wussten wir: Das war ein gutes Haus. Der Garten war in voller Blüte. Einige der Blumen in den Rabatten blühten blau, mit langen, schwertförmigen Blättern, aber ich kannte sie nicht, dies muss sogar ich als Naturkundler gestehen.

Wir betraten den Garten, Avellar schüttelte uns allen die Hände und sagte: «Willkommen in der Rua Santo António dos Capuchos.» Das bedeutet: Sankt Antonius mit dem Kapuzenmantel. Damals fiel aller-

148

dings kein Regen, wofür er den Mantel hätte brauchen können.

Als wir später das Esszimmer betraten, da sahen wir, dass alle Möbel inklusive des langen Tischs aus demselben Teakholz geschreinert waren, das wir schon in den andern Räumen gesehen hatten, auch alle Stühle.

Ollie gefiel der Raum so sehr, dass sie etwas in Dekkers Ohr flüsterte, aber ich konnte es gerade noch hören: «Ich würde so gerne das Frühstück hier einnehmen.»

Und wiederum fühle ich Dekkers eigenartige Kraft: Ich empfing die Botschaft: «Sie wird das Frühstück hier essen. Wir müssen weiterhin gute Miene zum bösen Spiel machen, wir müssen das Geheimnis wahren und ihre Unbeschwertheit aufrechterhalten.»

Und ich fühlte mich glücklich, dass er mir vertraute und dass er mich eingeweiht hatte.

Dann gingen wir in Avellars Bibliothek. Auch hier waren alle Möbel aus demselben Holz. Viele der Bücher waren schön gebunden.

Ollie zeigte auf ein Buch mit einem einäugigen Mann vornedrauf und sagte: «Da ist ja unser Freund Camões.»

Avellar nahm das Buch in die Hand und öffnete es. Auf der ersten Seite war ein hübsches Exlibris, es hatte auch viele Bilder, dem Anschein nach war es sehr alt. Er sagte zu Ollie: «Sie bereiten mir ein grossen Vergnügen, wenn Sie es an sich nehmen. Aber zuerst muss ich noch etwas hineinschreiben, dann sende ich es Ihnen auf die *Zara*. Und wenn Sie mir noch einen Gefallen tun möchten, dann kommen Sie doch morgen wieder. Ich bin ein alter Mann. Aber ich liebe so nette Gesichter wie das Ihre. Zusätzlich mag ich auch Krevettenomeletten gerne, und den Reis mit Meeresfrüchten, den Abafado und den Bucelas[13].

Wir müssen alle zusammen nach Apple Beach gehen. Grossvater kann ja jetzt recht gut gehen. Aber wir nehmen den Zug und eine Kutsche, so wird's für den Grossvater angenehm und bequem. Aber zuvor essen wir hier das Frühstück, der Zug geht um 8 Uhr früh.»

Als ich dies hörte, da bekam ich Avellar lieb. Der Captain hatte recht, wir konnten ihm trauen. Auch er würde am Ball bleiben und Ollie ablenken.

Danach gingen wir wieder. Aber im letzten Augenblick hielt mich Avellar zurück und sagte: «Mr Bell, Sie sind doch Naturwissenschaftler, möchten Sie die Geographische Gesellschaft sehen?»

Ich fragte: «Ja gerne! Woher haben Sie das gewusst?»

Darauf meinte er nur: «Der Captain.»

Die andern waren schon gegangen. Wir schauten noch über den Gartenzaun und winkten ihnen Lebewohl. Dann umarmten wir uns und sprangen und lachten laut, und wir fühlten uns beide glücklich. Ich wusste: Avellar konnte ich vertrauen. Er tat alles für Ollie. Auch er würde sie bei Laune halten. Dann machten wir uns auf den Weg zur Geographischen Gesellschaft.

---

13 Ein portugiesisches Weinbaugebiet.

Ich schaute Avellar an und sah etwas in seinen Augen. Ich kann dunkle Augen weniger gut lesen als helle, aber da bereitete sich etwas vor.

Er hielt inne und sagte: «Ich werde alt, und mein Gedächtnis wird schlecht.» Dann ging er weiter. Viele Leute grüssten ihn. Manchmal murmelte er nur etwas, manchmal war er ein Gentleman, dann zog er den Hut. Aber bald hielt er wieder an und fragte: «Mr Bell, haben Sie ein gutes Gedächtnis?»

Ich antwortete: «Es könnte besser sein.»

Darauf fragte er: «Möchten Sie diese Reise in guter Erinnerung behalten?»

«Ja, natürlich.»

«Dann weiss ich etwas für Sie, kommen Sie mit!»

Wir gingen in einen kleinen Laden. Der war voller Flaschen, alle mit Kirschen gefüllt, eingelegt in einen Schnaps. Wir kauften zwei Gläser mit solchen Kirschen, und er gab dafür ein paar Münzen aus. Aber die Kirschen waren noch nicht entsteint.

Avellar putzte sie und steckte sie in seinen Mund und sagte: «Das ist gut für das Gedächtnis», und er spuckte die Steine in Richtung von ein paar jungen Kerlen, die unter der Tür Lotterielose verkauften. Er tat es gekonnt, man sah, er hatte Übung darin.

Darauf gingen wir zur Geographischen Gesellschaft. Der Portier zog seinen Hut und verneigte sich tief. Avellar murmelte etwas. Wir schauten alles an, es gab Ausstellungsstücke aus Afrika, von verschiedenen Inseln, aus Brasilien, Timor, auch Gold und Pflanzen. Aus Afrika waren da Musikinstrumente, eines war eine Marimba. Ich erinnere mich an den Namen. Dann waren da auch Flaggen. Einige waren von George IV, diesem dicken englischen König, gesam-

melt worden. Auf einem Ausstellungsstück war eine
sehr grosse, goldene Platte mit einer Inschrift befestigt. Ich schaute und staunte.

Avellar fragte: «Was ist denn?»

James Gillray: George IV als Lüstling (A voluptuary). 1792,
Kupferstich, Library of Congress, Prints & Photographs Division,
LC–USZC4-3142

Ich erzählte ihm von den Antennen an unseren Masten und davon, dass der Captain sie vergolden wollte.

Da meinte er: «Das können wir über die Geographische Gesellschaft hinbekommen, ich kann die andern Mitglieder bestimmt übers Ohr hauen.»

Ich sagte: «Sind Sie denn Komiteemitglied?»

Er antwortete: «Ja.»

«Wow, das glaube ich ja kaum!»

Dann erzählte ich ihm vom Komitee, welches mich auf die Nordpolexpedition gesandt hatte, in ein keuchendes Wrack voller Schaben, wo nichts an Bord sauber war ausser der kleinen weissen Blume, die ich gesammelt hatte, und die sie nicht einmal nach meinem Namen benannt haben, und die wie Ollies Wangen aussieht.

Er aber sagte nur: «Ich bin ein gutes Komiteemitglied, sogar wenn ich den anderen das Gold für den Captain abluchse. Das kann ich tun, und er soll es haben, wenn er seine Antennen vergolden will. Wir können aus Karton eine Replik machen, und überhaupt ist das alles hier nur Schrott. Ich habe die Marimba am liebsten.»

Deshalb erinnere ich mich an die Marimba. Dann aber lachten wir und tanzten auf und ab wie zuvor im Garten. Ich konnte ihm trauen, obwohl er ein Komiteemitglied war. Und ich war mir sicher: Er würde am Ball bleiben. Wir gingen hinaus, und er gab dem Pförtner einen Dollar.

Dann aber schien er etwas vergessen zu haben und suchte danach in all seinen Taschen. Er kehrte sie alle von innen nach aussen und konnte es nicht finden. Er sagte: «Jetzt hab ich es verloren!»

«Was denn?»

«Das Rezept. Ich hab ein schlechtes Gedächtnis, denn ich werde langsam älter. Jetzt weiss ich nicht mehr, ob man es vorher oder nachher nehmen solle. Da müssen wir aber sicher sein!»

Und so gingen wir wieder zum Ginjinhaverkäufer zurück. Diesmal war er vorsichtiger und nahm sich alle Zeit, bis er die Kerne im Mund gesäubert hatte. Dann zielte er, die Burschen mit ihren Lotterielosen waren noch da, und er blies ihnen die Steine geradewegs ins Gesicht.

Dann lachte er so heftig, dass ich all seine Zähne sah. Ich habe nie gesündere gesehen, nicht einmal in Jilona. Die Innenseite seines Mundes war hellrosa, wie bei einer Klapperschlange. Als ich noch ein sehr junger Naturforscher war, da hatte ich einmal eine getötet. Als sie noch nicht ganz tot war, hatte ich sie mit einem Eisenstück und einem Stock am Boden festgemacht. Mit einem kleinen Holzstück öffnete ich ihr Maul. Die Zähne waren scharf wie Nadeln, das konnte ich sogar mit meinem kleinen Stock fühlen. Und die Innenseite des Mauls hatte die Farbe von hübschem Rosa, so wie bei Avellar. Das war aber damals kein schönes Gefühl, nicht einmal für einen Naturwissenschaftler, denn diese Zähne bedeuteten den Tod! Ich erzählte Avellar davon, und wir lachten wieder.

Wir hatten bestimmt einen guten Tag vor uns, morgen. Avellar würde bei uns sein, und er würde den Ball am Rollen halten: Keine Beerdigungsstimmung, keine langen Gesichter und so weiter, dafür konnten wir bei ihm sicher sein. Ich liebte ihn dafür.

Und Ollie liebte ihn. Als wir am nächsten Tag zum Frühstück eintrafen, war sie glücklich. Das Frühstück war wunderbar. Der Gärtner trug einen neuen Anzug, seine Frau eine neue Schürze und neue Ohrringe. Der Hausherr war gut gelaunt, der Tisch gedeckt, Gläser waren da, Kaffeetassen, es war wirklich ein sehr gutes Frühstück. Da gab's sogar hellgelben, zart gebratenen Schwarzen Degenfisch, dann einen Braten in feiner Sauce, ganz zart und saftig. Dann gab's noch mehr Kaffee und Sahne. Zum Schluss wurden kleine Gläser auf einem Tablett serviert. Ich kannte den Inhalt, aber die Beeren waren kleiner und ein wenig dunkler.

Avellar fragte: «Kennen Sie die?»

Und ich antwortete: «Das sind kleine Ginjinha-kirschen mit Likör.»

«Die sind besser, wirklich besser fürs Gedächtnis, ich hab das Rezept gelesen, und jetzt weiss ich das.»

Worauf wir wieder begannen, vor Freude zu springen. Und Grossvater sprang fast mit.

Wir begaben uns zum Bahnhof. Dort sah ich ein paar kleine Schalter für Bahnzettel, auch Tickets genannt.

Aber Avellar sagte: «Keine Tickets, wir zahlen lieber direkt im Zug, ich vergesse meine immer, ich habe solch ein schlechtes Gedächtnis, aber das macht nichts.»

Der Zug stand bereit, mit einem jungen Kerl in der Lokomotive. Wir stiegen auf seiner Steuerbordseite ein, Ollie, der Grossvater und ich. Dann hörten wir die Pfeife der Lokomotive, und Grossvater fragte: «Gibt es da irgendwo Nebel?»

«Nein, aber einen Tunnel», sagte ich, und schon fuhren wir los.

Nach dem Tunnel pfiff es wieder. Und Grossvater fragte: «Gibt's da voraus etwa Nebel?»

«Nein, es kommt ein anderer Zug» – und schon kam er. Er schien so nahe, dass ich den Eindruck hatte, er fahre zwischen den Schienen statt auf ihnen.

Grossvater meinte: «Der steuert aber zu nahe, könnte der nicht seinen Abstand halten! Oh, jetzt erinnere ich mich, es sind ja die Schienen, die steuern.»

Avellar sass auf der andern Seite. Er rief mir zu: «Bell, darf ich Sie als Naturwissenschaftler um einen Dienst bitten? Sie wissen ja, mein Gedächtnis ist schlecht, aber da gibt's doch einen Baum, auf welchem so kleine, rote Früchte wachsen, dessen Namen ich vergessen habe.»

«Ja, Sir», antwortete ich, «ich kenne den *cerejeira*, den Kirschbaum, dessen Frucht uns heute Morgen alle glücklich gemacht hat.»

Und wirklich, da wuchsen ein paar Kirschbäume. Die Portugiesen nennen die veredelten Kirchen *cereja*, *ginja* aber sind die Früchte des wilden Kirschbaums, und diese werden für den Likör verwendet. Die haben mehr Geschmack.

Jetzt kam der Schaffner und machte uns seine Aufwartung.

«Entschuldigung», sagte Avellar, «ich habe ein schlechtes Gedächtnis, aber hier ist ein Buch, das uns vielleicht helfen kann. Da schreibe ich alles rein, das ich nicht vergessen darf.»

Daraufhin schlief ich ein wenig, und ich träumte, ich wäre ein echter, guter Naturwissenschaftler. Irgendwie hatte ich immer das Gefühl, mein Wissen sei ungenügend. Ich hatte meine Lehrer, aber wie sehr bedauerte ich sie. Sie lehrten nicht eigentlich selber, sie wurden von andern gelehrt, und jene, wer hatte die gelehrt? – Darauf träumte ich von den Kirchen und all den alten Bettlerinnen auf ihren Treppen. Warum nur sie nicht hereinbitten und ihnen Obdach und Wärme bieten, etwas Komfort? Irgendetwas ist daran faul – eine Seite riecht nach Armut, die andere nach zu viel Gold. Und dann reden die von Barmherzigkeit. Aber was ist das für eine Barmherzigkeit? Denn wo keine Gerechtigkeit ist, wie kann da Barmherzigkeit sein? Ich denke, ich redete vom Teilen – bekommen die etwas an der Tür? Und der Priester, der hat keine Frau – ausser der Haushälterin. Gibt der ihnen diesen Teil, denen, die so bedürftig sind? Wo gibt's da einen Captain? Der müsste mal kommen und für Ordnung sorgen.

Als ich gerade vom Captain träumte, da hörte ich ein Pfeifsignal, und unser Zug hielt an. Häuser waren zu sehen. Und dann fühlte ich es wieder klar, das war Dekkers Botschaft, so differenziert und überzeugend wie immer: «Du darfst nicht schlafen, du musst deinen Mann stellen.»

Also musste ich meine Vermutungen für mich behalten. Es war alles für Ollie, wir mussten sie ablenken, nur keine miese Stimmung aufkommen lassen, keine langen Gesichter machen und so weiter. Und wie ich mich dabei fühlte, so elend! Avellar war all die Zeit über am Ball geblieben, während der ich geschlafen hatte. So ein Jammer! Ich hätte unter den Zug springen mögen! Und dann spürte ich es schmerzhaft deutlich. Oh Gott! Ich war nur froh, dass ich mich nicht noch mehr hatte gehen lassen.

Ich sah die Kutschen, wir waren in Sintra ange-
kommen. Ich sagte: «So eine schöne Kutsche; Ollie,
Ollie, schauen Sie, ein Blumenstrauss! Sie lieben doch
Blumensträusse. Der ist gewiss für Sie.»

Und so war es. Eine Kutsche war besonders gross
und mit einem Blumenstrauss geschmückt. Die Tritt-
bretter waren ganz tief gelegt, so dass auch Grossvater
bequem einsteigen konnte und sich wohlfühlte. Die
zweite war etwas kleiner, für Avellar, den Captain
und Dekker. Sie hatten darin sehr viel Platz, aber
unsere war hübscher.

Wir sassen in unserer Kutsche, als Avellar vorbei-
kam und sagte: «Mr Bell, ich glaube ich bin geheilt,
aber ich bin mir nicht ganz sicher.»

«Wovon denn?», fragte ich, aber ich wusste schon,
was er meinte.

«Es ist kein sehr ernsthaftes Leiden, aber als Na-
turwissenschaftler und Kenner des Latein, da wissen
Sie gewiss, dass auch Ärzte manchmal Fehler machen.
Meiner ist ein guter Doktor. Ich hab ihn oft auf die
Probe gestellt, und ich habe nie einen Fehler gefunden, wenn ich seine Diagnosen in ein paar meiner
Bücher überprüft habe. Einmal sagte er, eines Tages
würde ich sterben – und da, meine ich, hat er recht.
Und er meinte, der Grund wären die Leber, das
Schlemmerleben und der Abafado. Damals zweifelte
ich daran, und ich konsultierte wieder meine Bücher,
aber sie konnten mir auch nicht helfen, nicht einmal
das dicke mit den Fotografien. Und so dachte ich, Sie
als Naturwissenschaftler hätten die Freundlichkeit,
mich an mein Übel – gewiss ein harmloses zwar, aber
eben ein Leiden – zu erinnern, über das ich mich gestern beklagt habe.»

«Das Gedächtnis!», rief Ollie lachend.

Und wir alle waren in ganz ausgelassener, fröhlicher Stimmung. Ja, es war sicher, ihm konnte man vertrauen, er blieb am Ball und sorgte für gute Stimmung, wie schwer ihm das gelegentlich auch fallen mochte.

Ollie streckte ihm ihre beiden Hände entgegen. Und er sagte: «Senhora, ich bin Ihnen für alle Zeiten zu Dank verpflichtet. Sie haben meinen Stolz gerettet, Sie haben meine Ehre gerettet. Jetzt bin ich fast sicher, dass mein Gedächtnis wieder in Ordnung ist.

Diesen Morgen noch zweifelte ich daran. Sie wissen ja, wie das mit dem Ginjinha ist. Ich war noch bis spät in der Nacht unterwegs, und dann wusste ich es nicht mehr, und heute Morgen habe ich mich am Kopf gekratzt und mich gefragt: Habe ich daran gedacht, die Kutschen zu bestellen oder nicht? Ja oder nein? Und dann, als wir hier ankamen, da wusste ich, ich bin geheilt: Sie waren da.

Aber Sie müssen noch ein wenig auf mich aufpassen, denn ich werde alt und könnte einen Rückfall haben. Das ist doch eine traurige Geschichte. Aber wenn Sie auf mich aufpassen, dann können Sie mich warnen. Aber bitte, Ollie, tun Sie es nicht vor anderen Leuten. Da sind viele Menschen, wenn wir unter den Bäumen und am Kanal vorbeifahren. Die dürfen nichts merken. Dies würde meinen Stolz und meine Ehre verletzen – ja, meine Ehre ganz besonders.»

Und dann ging er weg, kratzte sich am Kopf und sagte: «Ich muss da wieder irgendeinen Rückfall gehabt haben. Ich wollte doch noch sagen: Ganz besonders meinen Stolz!»

Und wieder ging er weg und kam noch einmal zurück: «Hatte ich nicht gerade jetzt wieder einen leichten Rückfall? Falls ich einen Rückfall hatte heute, gestern oder vorgestern, so bitte ich Sie, Senhora, beides zu beachten, meinen Stolz und meine Ehre. Ich bin ein Gentleman, also geben Sie nicht nach und beobachten Sie genau, sonst muss ich meine Dankbarkeit zwischen Ihnen und dem Ginjinha aufteilen. Und jetzt, Mr Bell, als Naturwissenschaftler, strengen Sie sich an, mir eine gewisse Frucht zu nennen, deren Name ich vergessen habe.»

«Ginjinha», kam es von Ollie, und er küsste ihre Hand und ging zu seiner Kutsche.

Und da wussten wir, es würde keine Beerdigungsstimmung geben! Die andern fuhren im ersten Wagen voraus. Die Stimmung war ausgezeichnet. Ich hatte Ollie noch nie so glücklich gesehen, und Grossvater strahlte.

Wir fuhren an einem Platz ohne Namen vorüber, aber er war so schön: Bäume, ein kleiner Kanal, etwa eineinhalb Kilometer lang, drei Meter breit, voller Boote. Es waren hohe Ahornbäume: Da zeigt sich wieder, dass ich Botaniker bin … Ach, komm zurück, schöne Erinnerung! Alle waren so glücklich.

Wir fuhren einen Kilometer, zwei, mehrere Kilometer, dann sahen wir ein grosses Haus mit einem hohen, eisernen Zaun rings um den Garten. Darin eingelassen war ein grosses Eisentor, woran jemand arbeitete: Er ölte es und drehte einen grossen Schlüssel. Es war das Haus eines Adeligen.

Auf der andern Seite der Strasse befand sich ein kleines Haus, eine Art Hütte oder Unterstand, dessen

Dach sich nur nach der Rückseite hin neigte, es hatte kaum Fenster, die Tür war offen und drinnen waren Fässer und Flaschen zu sehen: mächtige Fässer, viele Fässer, Vinho tinto, Colares, Estremadura[14], Alentejo[15] und noch viele andere mehr. Und genau vor dieser Hütte hielt die Kutsche von Avellar an. Heraus kam ein älterer Mann, der nahm Avellars Hand und küsste sie und hielt sie fest, während von hinten aus dem Haus eine kleine, alte Frau kam, auch sie nahm seine Hand und presste sie an ihre Wange.

Avellar kam zu unserer Kutsche und sagte, während er seinen Hut zog: «Und jetzt, Senhora, habe ich die Ehre, Sie an Ihr Versprechen zu erinnern. Sie haben es wahrscheinlich in Eile gegeben, ohne lange zu überlegen, vielleicht waren Sie sogar unvernünftig. Aber obschon unüberlegt, übereilt und möglicherweise unvernünftig – oder auch nicht – versprochen ist versprochen, und ich möchte mich darauf verlassen können, dass Sie es halten.

Bevor Sie das tun, sollen Sie die Sitten des Landes kennenlernen. Nach dieser bewegenden Fahrt kreuz und quer durch die Landschaft kann ich nur eines vorschlagen: einen Cocktail. Sie haben doch den Cocktailshaker an Bord der *Zara* gesehen. Der besteht aus einem Oberteil und einem Unterteil, oder einem Unterteil ohne Oberteil, oder einem Oberteil ohne Unterteil, oder deren vier, auf jeden Fall haben Sie am Ende einen Cocktail drin, wenn alle Zutaten gut zusammengestellt und geschüttelt sind.

---

14   Historische Provinz in Portugal.
15   Weinbaugebiet in Portugal.

Das kann weder mir noch Ihnen schaden. Nein, ich hab mich verhaspelt, ich hätte Sie zuerst nennen sollen. Ich habe mich einer schrecklichen Sünde schuldig gemacht. Ich bin ein Gentleman, und das tut weh. Bin ich jetzt ein Gentleman ohne Stolz und Dankbarkeit und Ehre? Es war sowieso nicht mehr viel davon übrig, der Abafado von gestern hat noch den Rest mitgenommen, und es war schon vorher nicht mehr viel da, aber immerhin bin ich doch sehr wahrscheinlich ein Gentleman. Haben Sie nicht meine Visitenkarte gesehen? Da steht doch so allerhand drauf. Und ich kann mich gar nicht mehr an alles erinnern, nur noch an eins: Budapest. Oh, Senhora, dieses eine Wort stellt den Stolz und alles wieder her!

Also, bitte, wenn Sie erlauben, dann will ich einen Cocktail mixen. Und wenn Sie dran sind, mir die Zutaten zu nennen, die ich vielleicht vergessen habe, bei welchen aber der Botaniker sicher so freundlich ist, Sie Ihnen zu nennen, dann werden Sie so freundlich sein und sie mir ins Ohr flüstern, und dann können Sie Ihr Versprechen als eingelöst betrachten.

Beginnen wir also: Hier der Shaker, nehmen Sie davon das Unterteil, Zucker hinein, zwei Esslöffel, dann ein kleines Glas, genannt *cannon*, mit Zuckerrohrschnaps – noch nicht schütteln –, lassen Sie es ziehen. Dazu eine Zitrone, jetzt umrühren, stärker umrühren, bis der Zucker nicht mehr zu sehen ist, und jetzt fügen Sie ein grosses Glas Colares dazu – Sie wissen, diese Weintrauben wachsen hier in der Gegend. Und zum Schluss, Ollie, fügen Sie noch was dazu?»

«Ginjinha!»

Jetzt waren alle zufrieden. Niemand hätte glücklicher sein können als Avellar, als Ollie in sein Ohr «Ginjinha» gerufen hatte. Aber er gab dem Ganzen noch den krönenden Abschluss: «Sie sehen, Senhora, ich schüttle alles noch einmal, wegen des Zuckers. Denn dem könnte es wie dem unglücklichen Avellar ergehen, der könnte einen Rückfall haben und nicht mehr ganz aufgelöst sein. Madame, würde es Ihnen nicht das Herz brechen, wenn er nicht ganz aufgelöst wäre? Rückfälle sind ernsthaft gefährlich!

Ich weiss das, denn ich habe in Brüssel Medizin studiert. Dummerweise wurde ich von Dummköpfen unterrichtet, welche schon von Dummköpfen gelernt hatten wie ihre Vorfahren, zurück bis in die Zeit der Kleopatra, des Antonius und des Cäsar, inklusive Proculus und Agrippa. Deshalb versagte ich dort unglücklicherweise und darum stehe ich zu meiner Unwissenheit, auch speziell was die Schifffahrt angeht.

Wir sind mit Kleopatra nahe Alexandria, steuern eine Feluke, und ich muss den Captain um Rat fragen, denn da könnte eine Gefahr lauern, und ich bin kein Seemann.»

Dann setzte er den Cocktailshaker ab und holte den Captain. Beide kamen zusammen zurück. Beide nahmen sie den Cocktailshaker, und Avellar gab den Takt mit dem Fuss an: «Jetzt schütteln, jetzt rollen, jetzt schleudern und wieder rollen, quer durch den Pazifik, Atlantik und den Ozean, überall und nirgends, nur nicht auf die Bahamas!»

Und endlich war der Cocktail fertig! Und alle freuten sich darüber. Der Captain öffnete den Cocktail und füllte die kleinen Gläser. Avellar setzte seinen Hut auf, dann zog er ihn wieder aus und kratzte sich am Kopf.

Und dann sagte er: «Ich wurde unglücklicherweise an eine kleine Gedächtnislücke erinnert, und das darf man nicht übersehen: Ich habe das Kap Hoorn vergessen. Zum Glück kenne ich den Ort. Sie erinnern sich, Captain, dass ich einmal in Macao war. Ich habe zwar die Erinnerung daran während vieler Jahre aus meinem Gedächtnis verloren, aber jetzt ist sie wieder da, und ich bin wieder zurück auf der Magellanstrasse.»

Dann erhob er sein Glas: «Quer hinüber zu den Ramírez, und irgendwo und nirgendwo, aber: Wir haben eine Feluke! Wir können noch einmal zurückkommen und den Irrtum gutmachen, und wir haben ja noch den Ginjinha!»

Ich war zufrieden. Er würde für alles und nichts sorgen. Wir tranken.

Dann fuhren die Kutschen wieder los. Wir fuhren ein paar Kilometer und noch weiter, und sechs Leute waren glücklich. Aber nur fünf wussten von dem drohenden Unheil für Jilona. Sie schwiegen für Ollie. Ja, die fünf wussten, und für mich war das hart, sehr hart. Herrgott, ist das möglich? Ich hielt es fast nicht mehr aus. Ich hätte es am liebsten herausgeschrien, ich wäre am liebsten gestorben, für Ollie wäre ich hundert Mal gestorben.

Und dann ergriff mich ein seltsames Gefühl: Es war Dekker: Ich solle kein Feigling sein wie heute Morgen oder das letzte Mal. Oh Gott – kurz bevor ich ganz durchdrehte, schaute ich Ollie an. Und sie sah so süss aus, und ich war ein Feigling und war eingeschlafen im Zug, aber ich war froh, dass ich mich nicht ganz hatte gehen lassen. Ich war froh um den dünnen Faden, der meine aufgesetzte Heiterkeit aufrechterhielt, und der nur Dekker zu verdanken war. Mir blieb der Rest einer Hoffnung, dass ich doch noch meinen Mann stellen würde. Dass ich, der Feigling, nicht von Dekker über Bord geworfen werden würde. Er würde mich im letzten Augenblick zurückhalten, meinen Gefühlen nachzugeben. Was für ein Mann! Er tat es für Ollie.

Und dann spürte ich es wieder, diesmal nur ein wenig, es kam von Dekker: Irgendwie hatte ich mich zusammennehmen können, alles war noch in Ordnung. Ollie wusste von nichts. Und ich würde Ollie ablenken. Oh Gott! Und Avellar hatte sie ganz allein unterhalten, all die Zeit über. Er, ein alter Kerl, und ich, ein junger – was für ein Mann.

Und dann spürte ich es wieder von Dekker: Ich solle nicht an mich selbst denken. Jetzt müsse ich mein Boot steuern, Ausschau halten und am Ball bleiben, für Ollie. Und jetzt hatte ich meinen Frieden.

Ich wandte mich Ollie zu und sagte: «Das war aber ein ganz feiner Cocktail, etwas so Gutes habe ich noch nie probiert. Hier nennen sie das einen *poncha*.»

Und sie sagte: «Auch ich hatte noch nie zuvor einen, der war wirklich gut. Und ich bin so froh, dass wir hierhergekommen sind.»

Und wieder fühlte ich mich ein wenig glücklich. Aber bald musste ich wieder an die Kirchen denken, denn jetzt fuhren wir an einer kleinen vorüber, und ich musste an all die hungrigen alten Frauen auf all ihren Treppen denken, tausende und abertausende, und die Kirchen mit all dem Gold drin, mit Kerzen und Weihrauchbecken und Bildern, und dann fühlte ich es wieder. Diese Nachricht kam von Dekker: «Kümmere dich nicht um die Kirche, bleib am Ball.»

Darauf sagte ich: «Hier müssen starke Winde blasen; ich sehe, die Weinberge sind alle durch Hecken aus Bambus oder Schilf geschützt. Aus diesen Reben machen sie den Colares, den Colares für unseren Cocktail.»

Und sie sagte: «Es ist hier so wunderbar, ich wusste gar nicht, dass es hier so schön ist, aber im Juni, da werden wir das Meer wieder sehen, den richtigen Ozean. Das haben wir jetzt schon während zwei oder drei Tagen nicht mehr gesehen.»

«Hier ist es doch!», sagte ich, und da war es wirklich.

Die Strasse führte uns nun bergab, und bald führte sie durch eine Senke, und zu unserer Linken lagen der Ozean und eine Bucht mit Sand, nicht sehr gross, im Norden wie im Süden durch mächtige Felsen begrenzt. Einige waren abgerundet, näher beim Ufer waren sie spitziger, hatten eckige Kanten. Sogar mitten in der Sandbucht lagen hier und dort verstreut ein paar Felsblöcke. Es war eine von Hunderten von kleinen Buchten auf dem Kontinent oder der *península* oder wie immer man das nennen will. Und da wollte ich gerade wieder an die Hunderte von Kirchen denken und die alten Witwen, draussen, ohne ihre Witwenrente, und die Hunderte von Vermögen drinnen in den Kirchen, mit den Kerzen und den Weihrauchtöpfen – und da spürte ich es wieder, und wieder kam eine Nachricht von Dekker.

Aber diesmal war ich kein Spielverderber, und ich sagte: «Haben wir nicht Glück heute? Schaut euch die Wellen an!»

«Schaut nur, schaut!», rief Ollie, «das sieht ja aus wie in Jilona.»

Das waren nicht die kleinen Brandungswellen mit einer kleinen Schaumkrone, welche vom steifen Wind weggeblasen wird und viele Regenbogen bildet; die hier waren alle gross, mächtig, mit einer ausgeprägten, flachen Schaumkrone, die manchmal bis an den Strand lief, wo sie sich auftürmte und in Schaum zusammenbrach. Das waren die Brecher eines vergangenen Sturms. Und dabei war das hier nur ein kleiner, niedlicher Strand unter all den vielen Hunderten von grossen und kleinen Stränden und Kaps, Landzungen, Fjorden, Buchten, Kiesstränden, Sandstränden, *calhaos*[16], *quebradas*[17] und Meeresarmen: des Baltischen Meeres, des Weissen Meeres, des Schwarzen Meeres, des Gelben Meeres, des Roten Meeres, des Indischen Ozeans, des Pazifischen Ozeans, der Südsee, des Polarmeeres und all der kleineren.

Mitras, dessen Mutter es war, die es gewagt hatte, all die Kontinente dieser mächtigen Erde zu schaffen, diese unglückliche Mutter – so unglücklich, wie meine durch mich geworden ist! Wer war ich da, um das zu beurteilen? Aber er hatte seine Mutter unglücklich gemacht, er hatte die Erde in kleine Quadrate eingeteilt, in grosse Inseln, Halbinseln, Kontinente, Königreiche, Fürstentümer, Grafschaften. Er hat es gewagt, darum zu feilschen, zu kämpfen und sie mit Blut der eigenen Kinder zu beschmieren, er hat auch den Krieg geschaffen. Und von all den Kindern war da vielleicht nur ein Einziges wirklich

---

16 Port.: versteckte Buchten.
17 Port.: Bäche.

glücklich, wenigstens für eine kurze Zeit – und das war Ollie. Wir wussten aber, dass Gefahr für ihre Welt drohte.

Und wieder spürte ich, wie hart das war, so hart! Aber jetzt war ich kein Feigling, ich hatte den Ozean gesehen, er war sauber, er gab mir ein Gefühl der Stärke. Deshalb sagte ich zu Ollie: «Das sieht wirklich aus wie auf Jilona, und zudem haben wir in Avellar einen echten Freund.» Ich wollte Ollie weiterhin ablenken.

Unterdessen rollte Avellars Kutsche wieder bergauf, während unsere immer noch der Strasse entlang fuhr, die der Küste folgte. Von da aus sahen wir zwei Häuser. Wir begaben uns zum rechts gelegenen.

Avellar kam zu unserer Kutsche rüber, nahm Ollies Hand und sagte: «Senhora, ich hoffe, Sie werden sich hier in der Apple Beach glücklich fühlen. Sie heisst eigentlich Praia das Maçãs. Aber ich muss Ihnen sagen, dass ich enttäuscht bin, denn, wie Sie ja wissen, bin ich vergesslich, ja manchmal verliere ich ganz das Gedächtnis, und gerade jetzt merke ich, dass es in der Apple Beach ja gar keine Äpfel gibt.» Und er fuhr fort: «Ich hoffe aber, mein Gedächtnis kommt wieder zurück. Heute sind wir in der glücklichen Lage, einen Naturwissenschaftler bei uns zu haben, welcher zwar unglücklicherweise bei der Prüfung durchgefallen ist – oder glücklicherweise, denn wie Sie sehen, haben wir das Vergnügen, ihn unter uns zu haben, was im Fall seines Nichtdurchfallens sehr wahrscheinlich nicht der Fall wäre.

Und jetzt, Senhora, werden Sie miterleben, wie ich mich bemühe, elegante Reden zu halten, worin ich unglücklicherweise kein Meister bin, denn mein

Gedächtnis lässt mich gelegentlich im Stich, aber ich werde versuchen, meine Sätze mit einer gewissen, wenn auch ungenügenden, Eleganz abzurunden. Die Umgebung bringt mich darauf: Äpfel. Und gerade in diesem Augenblick ist mein Gedächtnis wieder zurückgekommen. Jetzt sehe ich meine Äpfel. Ich werde meine Äpfel als Letzter bekommen. Sie sollen Ihre zuerst erhalten, unsere anderen vier Begleiter sollen die ihren auf dem Teller serviert erhalten, und Sie werden sie ihnen überreichen. Meine Äpfel sind jetzt rosafarben, ich kann sie sehen. Aber da gibt es einen jungen Mann, an welchen Sie heute gedacht haben, ja, schon gestern und vorgestern. Der wird kommen und die Äpfel rot werden lassen. Ja, ich sehe sie, sie sind rot, denn heute sind es meine Äpfel, und ich werde sie als Letzter bekommen, und: Hier ist Ihrer!» Und er streckte ihn ihr entgegen: einen roten Apfel!

Er führte Ollie und den Grossvater zur Terrasse, von wo man auf den Ozean blicken konnte, und die Aussicht war wunderschön. Aber dies hier war noch nicht das Hauptgebäude. Es war klein, das andere war grösser und neu gebaut, mit einer noch schöneren Terrasse und einer prächtigen Rundsicht. Von der unseren sah man nur die Hälfte des Ozeans, vom andern Haus sah man alles, denn es war etwas zurückversetzt. Ja, unseres war älter, es ist wahrscheinlich schon zur Zeit des Kolumbus hier gestanden, ich weiss es nicht, aber es sah recht alt aus, Teile davon sogar sehr alt. Die Terrasse muss einige Male restauriert worden sein, aber auch das schon vor langer Zeit. Das grosse Haus war erst vor zwei oder drei Jahren erbaut worden, aber es passte genau an diesen Ort, es konnte nur gerade hier gebaut worden sein.

Weshalb? Auf der andern Seite des Strandes gab es im Umkreis eines Kilometers überhaupt keine Häuser. Zwar gab es da auch Land, das jemandem gehören mag, das ist wahr, aber es war wertlos, denn darauf wuchs nichts. Sogar einen Kilometer oder mehr landeinwärts mussten die Rebbauern ihre Reben vor dem Meerwind durch Hecken und Schilfhaine schützen. Die Stürme blasen hier stark, es gibt kaum einen Ort, wo die Stürme stärker sind. Nur eine kleine, widerstandsfähige Pflanze wächst hier und dort. Sogar die Pflanzen wachsen weit auseinander, weit zerstreut, und bilden so einen dünnen Teppich.

Ja, dieser Mr Avellar – er wollte uns alle Ehre erweisen. Er führte uns an einen Ort, wo wir, die vom Ozean her gekommen waren, seinen ganzen Besitz, die Bucht und das Meer überblicken konnten. Ein ungeschriebenes Gesetz brachte ihn dazu, all das für uns zu tun. Wir nennen es die ausgleichende Gerechtigkeit. So konnten wir, die Menschen vom Meer in Begleitung eines Engels von einem Mädchen, Sand und Meer bis hin zum Horizont sehen.

Den Abend verbrachten wir allerdings nicht im grossen Haus, wo wir beim Dinner den Sonnenuntergang im Westen hätten sehen können. Dort hätten wir uns an der Ruhe erfreuen können, denn das Rollen der Brecher ist eine Art Ruhe, wenn vielleicht auch nicht in unserer Sprache. Ich weiss, was ich sage, denn es hat mich oft in den Schlaf gewiegt. Aber wir konnten nicht, denn da war eine Küche voller lärmiger Köche, Geräte, Klingeln, elektrische und andere, Plattenspieler. Ja, wir hätten während unserem Nachtessen wirklich die Brandung geniessen können und die Abendluft, die tut an einem heissen Ort wie

Apple Beach gut, aber auch das war uns verunmöglicht, denn aus dem grossen Haus trat ein stin-
kender Rauch, die Köche waren Bedienstete, aber
manchmal brannte ihnen die Omelette oder der Fisch
oder das Fleisch an, und dann roch es nicht gerade
herrlich.

Die arbeiteten nicht aus Liebe oder liebten ihre
Arbeit nicht – und daraus entstand keine gute Arbeit.
Ich hatte mir zuvor gar nicht vorstellen können, dass
so etwas möglich sei. Ich konnte mir nicht vorstellen,
dass irgendeine Kreatur so etwas möglich machen
könnte – ausser der Krone der Schöpfung: der
Mensch.

Da wurde ich plötzlich aus meinen Träumereien
gerissen. Die Wellen waren zu stark, als dass man
darin ein Bad hätte nehmen können, aber dennoch
gingen wir alle mit Avellar zum Strand und sammelten etwa einen Korb voll Meeresfrüchte ein, die man
hier *caramujos*[18] und *lapas*[19] nennt. Und der Grossvater
benahm sich wie ein kleiner Junge. Nachdem wir uns
dort für kurze Zeit wieder glücklich gefühlt hatten,
kehrten wir zum Haus zurück. Da war auch schon
der Tisch gedeckt. Es war nicht so elegant wie bei
Avellar. Da war etwa ein kleines Loch im Tischtuch.
Aber alles deutete darauf hin, dass wir willkommen
waren. So setzten wir uns, und es entstand eine
Pause.

---

18 Grosse Strandschnecke.
19 Gemeine Napfschnecke.

Die Christen in Jilona und der Pater Himalaya

Grossvater bat und drängte mich, eine Rede zu halten. So erhob ich mich und sagte: «Dies ist zwar das erste Mal, dass ich eine Rede halte, aber ich möchte Ihnen diese Ehre erweisen, und ich möchte Sie, Grossvater, bitten, uns zu erzählen, weshalb die Christen nicht nach Jilona gekommen sind …»

Grossvater sagte: «Doch, sie sind gekommen. Das war noch in der Zeit vor Zara, meinem Freund. Während eines Winters hatten wir eine ganze Reihe harter Stürme, mehr als üblich. Eines Morgens sahen wir ein Schiff draussen auf dem Meer, offensichtlich ein Schoner französischer Bauart, aber die Masten waren gebrochen, nur noch Stumpen erinnerten daran, und das ganze Schiffsdeck war von Eis überzogen, vom Bug bis zum Heck.

Wir liessen ein Boot auslaufen, um nachzuschauen, ob wir Hilfe leisten könnten, aber an Bord waren alle tot. Darunter waren auch zwei Priester, und aus den Papieren, welche sie auf sich trugen, konnten wir ersehen, dass sie zuerst in Island waren und die Absicht hatten, zu uns nach Jilona zu kommen. Der Aufenthaltsraum im Achterdeck des Schiffes war ausgebrannt, so dass sie keinen Schutz mehr fanden vor dem Sturm und alle an der Kälte zu Grunde gegangen waren. Wir brachten sie alle an Land und begruben sie. Im Laderaum des Schiffs fanden wir mehrere Fässer mit Wein, die brachten wir auch an Land. Das waren damals nicht die ersten Weinfässer, die ins Land kamen, aber seit jener Zeit trinken wir etwas mehr Wein. Als dann das Schiff zu nichts mehr nütze war, versenkten wir es.

Früher einmal habe ich die Geschichte vom barmherzigen Samariter gelesen, und eigentlich bedauerte ich es, dass die Christen nie bis zu uns gekommen waren. Als Zara kam, teilte er meine Meinung nicht, und einmal sagte er zu mir nach einer Diskussion über dieses Thema: ‹Glauben Sie mir, Sie sind noch einmal glimpflich davongekommen.› Seit damals hatte ich oft Gelegenheit, zu vergleichen, und jetzt glaube ich ihm. Wir sind wirklich um Haaresbreite daran vorbeigekommen, so wie heute im Zug, als wir fast kollidiert sind. Zara aber ist jetzt tot, er war ein guter Freund aus Malta, Sie kennen ja seine Geschichte.»

Das Menü bestand aus zwei Gängen. Zuerst gab es *arroz de marisco*, ein Reisgericht mit kleinen Austern. Dazu gab es zuerst Bucelas, einen ausgezeichneten weissen Wein, und nach einer Weile trank ich ein Glas Colares.

Der zweite Gang bestand aus Omeletten mit Garnelen. Avellar erhob sich und begann: «Ich habe leider ein sehr schlechtes Gedächtnis. Mr Bell, Sie als Naturwissenschaftler, könnten Sie mir nicht den Namen eines kleinen Tieres nennen, den ich vergessen habe? Es lebt auf dem Grund des Ozeans, und wenn es sich vor aller Welt schämt, dann steckt es den Kopf in den Sand, und die Fischer können es nicht fangen. Können Sie mir den Namen nennen?»

Ich sagte: «Garnelen.»

«Danke, jetzt ist mein Gedächtnis wiederhergestellt. Ich wollte doch eine Rede halten über die Garnelen. Wenn das Meer ruhig ist, dann fangen wir die frischen Garnelen, aber wenn die Stürme kommen, dann haben wir keine – oder zumindest hatten wir keine, bis vor kurzem.

Sie wissen ja, dass ich einmal in Brasilien war, in Pernambuco. Dort liegt ein weitausgedehntes natürliches Haff vor dem Hafen, und da wimmelt es nur so von Garnelen bis hinaus zu den Wellenbrechern. Das sind die grössten Garnelen, die ich je gesehen habe. Sie wissen bestimmt, dass man in Pernambuco dieselbe Sprache spricht wie wir hier in Portugal. Manchmal, wenn die Leute keine andere Arbeit haben, dann gehen viele der Jungen zu den Deichen, um Garnelen zu fangen. Und so geschah es, dass ein Knabe, der auch dort Garnelen fing, neben seinem Fang einschlief, als er auf der Mole in der Sonne lag. Als er erwachte, da waren die Garnelen getrocknet und von bräunlicher Farbe. Er versuchte eine davon, und sie schmeckte ihm, sogar besser als die frischen. Er brachte sie nach Hause und liess die anderen auch davon kosten, und auch sie fanden sie gut. Darum haben wir, wenn wir während der Sturmzeiten hier keine frischen Garnelen haben, die getrockneten von Pernambuco. Und deshalb essen wir heute Garnelenomeletten.

Aber für heute kann ich Ihnen nicht mehr darüber erzählen, denn mein Gedächtnis wird schlecht, sogar gerade jetzt habe ich eine kleine Lücke und kann mich nicht mehr an einen gewissen Namen er-

174

innern, den Namen eines Tieres, welches den Kopf in den Sand steckt, wenn es sich über die Welt schämt. Können Sie, Ollie, ihn mir vielleicht nennen?»

Und Ollie rief ihm zu: «Garnelen!», stand auf und gab Avellar einen Kuss.

Und als sie ihm einen Kuss gab, da fiel er in sich zusammen und richtete sich wieder auf wie ein Clown in einem Zirkus. Das war wirklich theatralisch.

Und daher sagte ich: «Waren Sie einmal Clown in einem Zirkus?»

«Nein, ich war Gouverneur in Macao, aber zeitweise habe ich ein schlechtes Gedächtnis, und es könnte sein, dass ich gelegentlich meine Leber etwas schütteln sollte.» Darauf schlug er einen Purzelbaum, und alle lachten. Darauf sagte Avellar: «Nein, ich war nicht Clown im Zirkus, ich war der Gouverneur, aber der Clown ist mein bester Freund, und sein Sohn lebt hier. Er brachte die Äpfel für Sie.»

Da trat er auch schon ein. Er trug eine weisse Schürze, und seine Frau begleitete ihn. Sie war freundlich und gepflegt und hatte weiches, schwarzes Haar, und ihre Füsse waren so weiss wie die von Ollie. Und die Stimmung war ausgezeichnet. Der Raum war nicht sehr gross, aber sauber gepflegt. Darin befanden sich viele Fässer und Flaschen mit Vinho tinto, Bucelas, Colares.

Nach einer Weile sagte Avellar: «Ja, der Mann, der Ihnen die Äpfel gegeben hat, ist der Sohn meines besten Freundes, und ich muss Ihnen etwas über ihn erzählen. Manche denken, es müsse schön sein, Gouverneur zu sein, aber ich war sehr einsam. Meine Frau und die Kinder waren in Portugal, und ich hatte nur meine chinesischen Angestellten. Aber ein Gouverneur fühlt sich unter seinen eigenen Soldaten oft einsam. Da ist Disziplin gefordert, welche es ihm verbietet, freundschaftlich mit ihnen umzugehen oder ihnen in irgendeiner Weise zu helfen. Sogar wenn sie Schwierigkeiten hatten oder krank wurden, da wird es auch nicht besser, denn er darf ihnen nicht helfen, so wie er es könnte, denn da ist immer die Disziplin gefordert, welche verhindert, dass er ihr Freund sein könnte. So war ich also sehr allein.

Aber da war das Zelt eines fahrenden Zirkus, und ich betrat es eines Abends, blieb lange und lernte den Clown kennen. Und so wurden wir Freunde. Er war damals wirklich mein bester Freund und er hatte einen kleinen Jungen. Aber er fing sich irgendeine Krankheit ein und starb. Darauf sorgte ich für den Jungen und nahm ihn zu mir. Und als meine Frau in Lissabon starb, da nahm ich ihn mit hierher. Sein Vater hat mir all die kleinen Tricks gelehrt – der Sohn aber kann hier Äpfel anbauen. Von ihm stammen diese da.»

Darauf sagte ich zu Avellar: «Weshalb ist Pater Himalaya nicht hier?»

Und er sagte: «Er kann nicht kommen, denn er ist ein Priester ohne Robe und an gewissen Orten würden sie ihn zu Tode steinigen. In Lissabon gibt es viele Menschen, da macht es nichts aus. Und er muss sich dort um seine Armen kümmern.»

Da fragte ich den Captain: «Weshalb ist er aus der Kirche ausgetreten?»

Der Captain zögerte einen Moment, zu antworten, aber Dekker forderte ihn auf: «Sag's ihnen!»

Worauf der Captain meinte: «Soll ich es ihnen wirklich sagen, Dekker?»

Und Dekker meinte nochmals: «Sag es ihnen.»

Und wieder spürte ich es, die Botschaft von Dekker lautete: «Sie ist sicher.»

Und so begann der Captain: «Himalaya war Priester in der Kirche des Quartiers, wo Avellar sein Büro hat. Eines Tages sah er etwas in seiner Kirche, das mochte er nicht. Da zog er seine Robe aus und ging fort. Er war ein gebildeter Mann und erfand ein Pulver und gab die Erfindung weiter an die Regierung. Aber jetzt erhält er keinen Lohn und ist arm. Aber durch eine Erbschaft erhielt er ein grosses Haus, und da bringt er seine Armen unter, und er geht auf die Strasse und bettelt für sie. Er ist unser Freund, aber er könnte nicht hierher kommen.»

Wir hielten danach noch ein paar weitere Reden und führten Gespräche, und nach einer Weile sagte Avellar: «Ich möchte Ihnen noch etwas erzählen, aber Sie wissen ja, wie kurzlebig mein Gedächtnis ist. Im Moment erinnere ich mich nicht mehr an den Namen einer kleinen roten Frucht, welche wir doch heute Morgen assen.»

Darauf sagte Ollie: «Ginjinha!»

Und daraufhin bekamen wir welche.

Bald verliessen wir unsere neuen Freunde und bestiegen wieder unsere Kutschen. Es war schon spät am Abend. Als wir zu dem kleinen, alten Platz kamen, an welchem wir am Morgen angehalten hatten, da hielten die Kutschen.

Avellar sprach mit dem alten Mann. Bald kam die kleine, alte Frau heraus und überbrachte Ollie etwas. Es war ein kleiner Strauss herrlich duftender, rosafarbener Blumen. Sie sagte zu Ollie: «Es ist nur von einer armen alten Frau, aber ich möchte, dass Sie etwas haben, das Sie an mich erinnert.»

Ollie aber antwortete: «Sie sind nicht arm, und Sie haben Freunde. Ich habe vor der Tür der Kirche eine alte Frau gesehen, die war viel ärmer als Sie. Wenn es für Sie in Ordnung ist, so würde ich gerne in das grosse Haus dort drüben gehen und für Sie um etwas Geld bitten, und Sie könnten es nehmen, denn aus meiner Hand ist es integer.»

Wusste Ollie damals etwas über jenes Haus? Ich erfuhr davon erst später durch den Captain.

Danach fuhren wir nach Hause, und da es noch nicht zu spät am Abend war, gingen wir noch für eine Weile in Avellars Haus. Diesmal nahmen wir im Wohnraum Platz.

Ollie sagte zu unserem Gastgeber: «Gestern fühlte ich mich in Ihrem Haus noch etwas fremd und scheu, aber jetzt, wenn Sie wollen, möchte ich Ihnen ein Lied aus Jilona vorsingen.»

Avellar stimmte eifrig zu, und Ollie setzte sich ans Klavier. Das Lied, welches sie sang, war ein altes Lied von Jilona, eigentlich ein Duett für eine Männer- und eine Frauenstimme. Es hörte sich an, als ob die Männerstimme eigentlich nur Antworten auf Fragen gab. Diesen Teil übernahm Dekker, ganz so, wie sie das zu Hause manchmal taten. Aber Ollie sang so süss, und Avellar war derart begeistert, dass er von Ollie das Versprechen erbat, dieses Lied aufzuschreiben, er sagte, er wolle es lernen. Alles in allem war das wirklich ein gelungener Tag, und wir alle waren glücklich, dass wir die Bedrohung mit Erfolg von Ollie fernhalten konnten.

Bald danach waren wir wieder an Bord. Die Arbeit mit dem Verlad war unterdessen weitergegangen. Der Captain hielt immer noch etwa 30 Tonnen Schwefel in Reserve in den Laderäumen auf jeder Seite des Maschinenraums, welche auf den Dampfschiffen für die Kohlebunker gebraucht wird. Diesen Raum nutzte er üblicherweise nur, wenn nötig, oder wenn es sich wegen der Kosten lohnte. Diesmal hatte er sich entschlossen, den ganzen Raum zu nutzen, entweder in Lissabon oder in Madeira. Zum Schluss stellte sich dies als guter Entschluss heraus.

Einmal noch ging ich mit Avellar an Land, und wir hatten ernsthafte Gespräche. Er gab mir auch gute Ratschläge. Er sagte: «Wegen Ihrem Versagen in Deutschland: Machen Sie sich da keine Sorgen, das kann immer mal passieren, sogar den Besten unter den Studenten. Und wie Sie sehen, hat sich dies eher als Hilfe denn als Hindernis für Ihre Zukunft erwiesen, denn Sie haben daraus gelernt, dass nicht alles einfach ist, und dass wir unser Bestes geben müssen bei allem, was wir unternehmen. Ich weiss, dass es uns für eine gewisse Zeit entmutigt, ich hab's ja selbst in Brüssel erlebt. Aber da gibt es etwas in Ihnen, Bell, das wird solch ein Handicap überwinden, dessen bin ich mir ganz gewiss, wie auch darüber, dass Sie einen ausgezeichneten Charakter besitzen, denn sonst hätten Sie der Captain und Dekker nicht ihrer Freundschaft für würdig befunden.»

Ich war natürlich erfreut, dies zu hören, und ich wusste auch, dass Avellar kein Schmeichler war, sondern das sagte, was er auch meinte.

Am nächsten Abend kam Avellar an Bord und sang ein paar portugiesische Weisen, dazu begleitete er sich auf der Gitarre. An einem andern Abend nahm er das Nachtessen bei uns ein. Der Captain gab sein bestes Silberbesteck heraus, und der Tisch war wunderbar gedeckt. Avellar hielt eine brillante Rede, diesmal nicht über sein Gedächtnis, sondern über ernsthafte Themen, die uns allen zu denken gaben.

An eines kann ich mich noch erinnern: Er sagte etwas über das Alphabet: «Das menschliche Alphabet ist etwas, das die gesamte Menschheit gemeinsam hat. Es ist beinahe dasselbe in allen Sprachen, bei einigen gibt es drei oder vier Buchstaben mehr oder weniger, das ist alles. Aber es war nicht ein einzelner Mensch, der das erfunden hat, es stammte aus der unbewussten Anstrengung der gesamten Menschheit. Es war Ausdruck eines seelischen Bedürfnisses, seine Gedanken auszudrücken und sich zum Bessern hin zu entwickeln. Dieses Bedürfnis steckt immer noch in der menschlichen Brust, stärker oder schwächer, mit individuellen Unterschieden, je nach Alter, Arbeit oder nach Zeitepoche, die wir durchlaufen. Deshalb besteht Hoffnung für die Menschheit, solange sie dieses Bedürfnis nicht verliert.

Das Alphabet war da nur der Anfang. Damit ist schon viel erreicht worden, aber es ist erst der Anfang. Es muss fortwährend angewandt werden, und neue Anstrengungen müssen unternommen werden. In der Schule lernen unsere Kinder das Alphabet und noch ein bisschen mehr. Aber manchmal wird ihnen das Bedürfnis, dies auch anzuwenden und fruchtbar zu machen, nicht vermittelt. So machen sie überhaupt keine Fortschritte mehr nach ihrem Schulabgang. Es gibt aber Lehrer, die haben die Gabe, solche Bedürfnisse zu wecken, aber die sind schwer zu finden. Aber ich bin gewiss: Die Zeit wird kommen, wenn dieser Drang stark werden wird in jeder menschlichen Brust. Dann werden die Menschen weniger Schund lesen und sich dafür vermehrt der Literatur zuwenden, welche die erhabenen Gedanken der Menschheit ausdrückt.»

Darauf rezitierte er einige von Camões' Werken und ein Gedicht von einem unbekannten Autor, welches er für mich aufschrieb; ich trage es immer noch bei mir.

Eines Abends sagte der Captain zu mir: «Ich möchte, dass Sie mit mir ins Kino kommen. Ich habe noch nie einen Film gesehen, ausser in Bergen, in Norwegen. Dort war das Schiff von Nansens Expedition, und ich sah Aufnahmen davon im Kino. Man hat mir gesagt, jetzt seien die Filme viel besser, und ich hätte gerne einen gesehen. Avellar schätzt sie nicht, darum möchte ich, dass Sie mich begleiten.»

Und so ging ich mit. Für mich war es ein bekannter Film: Charlie Chaplin in einem Film, den ich zuvor zwar noch nicht gesehen hatte, aber ich hatte ältere von ihm gesehen. An seiner Seite spielte Broncho Billy, und sie jagten ein hübsches Mädchen, welches auf einem Pferd ritt. In einer Szene gab es ein Fagott, und Charlie Chaplin goss ein Glas Whisky in ein anderes Glas, das er in seiner Hose versteckt hatte.

Der Captain sagte zu mir: «Ich mag diesen Mann gern, der wird einmal ein berühmter Mann werden.»

Ich gab ihm zur Antwort: «Er ist es bereits.» Und ich erzählte ihm mehr über Charlie Chaplin.

Das Kino befand sich in einem höhergelegenen Teil der Stadt. Wir gingen von dort mit einem Lift wieder zurück, an einer zerfallenen Kirche vorbei, von welcher nach einem Erdbeben nur noch ein Paar Gewölbebogen standen.

Weiter nach Madeira

Bald danach verliessen wir Lissabon wieder. Wir waren kaum aus dem Flusslauf des Tejo heraus, als der Captain mich auf die Brücke rief und zu mir sagte: «Jim, ich möchte, dass Sie steuern lernen, denn Sie haben zuvor noch nie ein grosses Schiff gesteuert.» Wir waren auf dem offenen Meer vor der Mündung des Tejo, und unser nächstes Ziel war Madeira. Als ich das Steuerrad übernahm, sagte er: «Passen Sie auf, dass Sie nicht zu nahe ans Land fahren. Die Leute hier sind freundlich, aber wenn Sie so etwas in Spanien tun würden, dann gäbe das dort ernsthafte Probleme. Erinnern Sie sich an das Buch von *Ferrer*? Aber es ist schon recht so, ich sehe, Sie haben früher auch schon gesteuert.»

Dann gingen wir wieder in den Aufenthaltsraum und sahen, wie sich Ollie an ein paar Flaschen zu schaffen machte.

«Was machen Sie da?», fragte ich.

«Ich beschrifte die Flaschen mit Ginjinha, welche Mr Avellar uns gegeben hat.»

Als wir etwas später wieder auf die Brücke gingen, da war auf Backbordseite ein Dampfer in Sicht. Wir hatten Vorfahrt, er aber kam geradewegs auf uns zu und änderte seinen Kurs nicht. Als er sehr nahe war, bekam ich Angst und rannte zum Telegraphen im Maschinenraum.

Der Captain aber hielt mich zurück und rief: «Übergeben Sie das Ruder einem andern, der die Vorfahrtsregeln kennt. Waterman hat mir gesagt, ich könne mit der *Zara* geradeaus fahren und aus denen Hackfleisch machen, wenn ich sie entzweischneide. Ich fürchte nur den Kohlenstaub.»

Und wir sahen eine dicke Rauchwolke aus dem Kamin des Dampfers steigen, worauf er rief: «Rauch!» und zum Telegraphen rannte und die Maschinen auf volle Fahrt zurück stellte. Der Rauchdampfer strich knapp an unserem Vordeck vorbei.

Der Captain sagte nur: «Da haben Sie es: Uniformen, Disziplin! Schaut euch diese Landratten an, Matrosen! Wow!» Dann rief er durch das Bullauge des Maschinenraums: «Dekker, rufen Sie den andern Maschinisten, ihr müsst kommen und uns hier helfen, das Deck zu waschen und euch selber gleich auch!» Er war wütend und zeigte es auch.

Dann aber sagte er: «Jetzt hab ich eine Idee.» Er ging in den Aufenthaltsraum hinunter und kam bald mit einer Reihe Gläser Ginjinha wieder. Er gab jedem der jungen Kerle eines davon und sagte: «Das ist von Avellar, es ist gut für das Gedächtnis.»

Einer von ihnen rief: «Ein Hoch auf Avellar!»

Der Captain war aber noch nicht zufrieden und sagte: «Ich muss die jungen Kerle zur Selbständigkeit erziehen, denn ich will nichts mehr wissen von Disziplin. Dekker, können Sie navigieren?»

«Nein, Captain», sagte der, «Sie wissen, ich komme von der Landwirtschaft und habe nie eine Seefahrtsschule besucht. Aber ich weiss in etwa, wie man es machen muss, und mit ein Bisschen Übung könnte ich es bald.»

«In Ordnung», meinte der Captain, «Sie können meinen Sextanten nehmen und jeden Morgen zusammen mit dem andern Maschinisten auf der Brücke die Position bestimmen. Der Erste oder der Zweite Offizier kann Sie darin unterweisen. Und Sie müssen die jungen Decksburschen nehmen und ihnen zeigen, wie man die Maschinen bedient, wenigstens die zwei oder drei, die es nicht schon wissen.

Und jetzt können Sie machen, was Sie wollen, drehen Sie das Schiff im Kreis oder tanzen Sie oder gehen Sie schlafen: Der Maschinist kann kochen, und der Koch kann steuern, aber ich will nichts mehr hören von Disziplin. Aber seid übermorgen früh in Madeira, versucht am Leuchtturm von São Lourenço etwa um fünf Uhr vorbeizukommen und folgt der Küste in sicherem Abstand, so dass Ollie eine gute Aussicht hat. Das Wasser ist dort tief bis nahe an die Küste, wenn man aber zu nahe fährt, dann sieht man nur die Felsen. Und jetzt will ich nichts anderes mehr hören, sonst will ich euch …!»

Von diesem Tag an sah ich ihn selten auf der Brücke, aber der Erste Offizier legte jeweils ein Papier mit der gemessenen Mittagssonne auf seinen Tisch. Ich denke, die jungen Kerle schätzten ihn nur noch mehr und waren sicher stolz, dass er ihnen so viel zutraute.

Aber ich habe noch vergessen, zu beschreiben, wie wir das Schifffahrtsmuseum in Lissabon besucht haben. Der Captain erhielt eine stilgerechte Einladung dazu.

Eines Tages kam er an Bord und sagte zu Dekker: «Ich musste mich einem Mann anvertrauen, den ich nicht besonders schätze. Es betrifft unsern Teakwald in Timor.» Die Jilonesen hatten nämlich diesen Wald gepachtet, und ihr Schulschiff brachte von dort regelmässig Ladungen mit Teakholz. «Ja, ich habe Mr Vasconcellos getroffen, der hat grossen Einfluss in der portugiesischen Marine. Aber ich mag ihn nicht besonders. Er ist gedrungen und schmutzig wie das Wetter auf unserer Insel Jilona zur Zeit der Sonnenwende. Er hat einen Buckel und trägt eine Brille. Aber ich hatte keine Wahl. Jetzt hat er uns eingeladen, in das Marine- und Schifffahrtsmuseum zu kommen. Er wird uns bald ein Schiff entgegenschicken.»

Bald darauf kam das Schiff und legte längsseits an unserem an. Es war ein Dampfschnellboot, von einem Kriegsmann entwickelt, und wurde von jungen Offizieren in weissen Uniformen gefahren. Ich war sehr erfreut über das, was uns da noch erwarten mochte, und fand es eine viel originellere Art, ins Museum zu gelangen, als einfach zur Pforte zu gehen und vom Wärter eingelassen zu werden. Die jungen Offiziere waren extrem zuvorkommend und zeigten uns alles. Ich für meinen Teil hätte zwar lieber den Captain als Touristenführer gehabt, aber er war es auch, der mir die verschiedenen Modelle erklärte.

Als wir in den Holzdachboden gelangten, welcher übrigens nicht ein Dachstock war, sondern ein ausgebautes Stockwerk zu ebener Erde, sahen wir, dass dort ein Tisch gedeckt war, zum Tee bereit für unsere Gesellschaft. In diesem Raum befanden sich nur ein paar sehr moderne Modelle, sauber gearbeitet und schön herausgeputzt, aber nicht von historischem Interesse. Wir nahmen dort unseren Tee ein, und der

Captain erhob sich, um eine Rede zu halten. Dann setzte er sich wieder und fragte einen der jungen Offiziere, doch das Modell einer bestimmten Feluke an unseren Tisch zu bringen. Ich kann Ihnen hier nicht seine Beschreibung im Wortlaut widergeben, denn ich muss gestehen, dass sie zum grössten Teil für mich damals zu wissenschaftlich war. Ein paar Monate später, da wäre ich fähig gewesen, mehr davon zu verstehen. Aber die jungen Offiziere hörten ihm interessiert zu.

Zum Schluss sagte er: «Gentlemen, Sie haben hier eine der interessantesten Sammlungen von Modellen, die überhaupt existieren, und ich danke Ihnen aufrichtig im Namen unserer Begleiter für Ihre aussergewöhnliche Gastfreundschaft, welche Sie uns heute haben zu Teil werden lassen.»

Dasselbe Boot, welches uns hierher gebracht hatte, brachte uns auch wieder zurück zu unserem Schiff, wo der Captain den Offizieren ein Glas Madeira offerierte. Darauf trennten wir uns wieder mit freundlichen Wünschen.

Nebst dem Schifffahrtsmuseum besuchten wir die meisten bedeutenden Plätze, welche der Captain bereits erwähnt hatte. Er war sehr beschäftigt, aber wir brauchten seine Hilfe als Fremdenführer nicht, denn Grossvater erinnerte sich gut an die Orte.

Die jungen Männer, die jetzt selber die Verantwortung übernehmen mussten, vernachlässigten ihre Pflicht nicht, und genau am richtigen Tag zum abgemachten Zeitpunkt bekamen wir auf der *Zara* den Leuchtturm von São Lourenço zu Gesicht. Wir fuhren nahe an mehreren Dörfern vorbei, deren Namen uns Grossvater oder der Captain nannten: Caniçal, Machico, Santa Cruz, Porto Novo, Caniço. Die Strecke war hübsch, aber das Beste kam erst noch, als wir Kurs auf die Bucht von Funchal nahmen, nachdem wir an der äussersten östlichen Landmarke, dem Cabo Garajau, vorübergefahren waren. Aus der Distanz sah alles wie ein Garten aus. Mit weissgetünchten Häusern, die sich an den Hängen hinaufzogen bis ins Gebirge, soweit das Auge blicken konnte. Ich konnte mich nicht sattsehen an dieser prächtigen Aussicht.

Kurz nachdem die Zöllner und der Hafenarzt die *Zara* wieder verlassen hatten, wurden uns mehrere Briefe an Bord gebracht mit Einladungen zu gesellschaftlichen Anlässen. Einige Leute, speziell die Witwe des früheren Administrators, erinnerten sich an Grossvater aus früheren Zeiten und wünschten, ihn wiederzusehen. So waren er und Ollie für manche Tage oft an Land, manchmal begleitete Dekker sie, der Captain und ich aber gingen den Geschäften nach.

Gleich am ersten Tag begaben wir uns mit Dekker und dem Captain zum Haus des Händlers, welcher kürzlich grössere Mengen Fisch von uns gekauft hatte. Der verfügte über eine Art Lager, wo er seine Ware aufbewahren konnte, und von wo aus er sie ins Innere der Insel verteilte. Sein Name war Francisco Xaver, und sein Geschäft lag in São Roque, einem Ort etwa fünf Kilometer von Funchal entfernt. Wir nahmen einen Ochsenkarren, um dorthin zu gelangen.

Einmal, als die Strasse recht steil bergauf führte, hatte ich mit den armen Tieren Mitleid und marschierte eine Strecke gemächlichen Schrittes neben dem Wagen her. Trotzdem war ich recht erhitzt, als wir ankamen und Xavers Keller betraten, und ich trank überstürzt von dem uns offerierten Wein.

Und da gab es wirklich ein paar exzellente Weine. Xaver hatte einen grossen Keller mit vielen Flaschen und Fässern, hinter seinem Geschäft in einem kleinen Garten gelegen. Ein Teil des Weins war in Tonkrügen, sogenannten *crockerware pitchers*, gelagert, die etwas mehr als einen Liter fassten. Darin blieben sie angenehm kühl. Diese Krüge hatte Xaver bei Gelegenheit aufgetrieben. Ursprünglich enthielten sie Gin aus den Niederlanden und waren von dort importiert worden. Xaver aber hatte herausgefunden, dass sie sich ausgezeichnet dafür eigneten, seinen Wein aufzubewahren.

Nach einer Weile überquerten wir die Strasse, um zum Friedhof zu gelangen, von wo aus wir die Aussicht geniessen wollten. Von diesem Ort aus konnten wir die ganze Bucht und die Stadt Funchal überschauen mit ihren verschiedenen Vororten, wie sie zu unseren Füssen lagen. Ein schöneres Panorama hatte ich nie gesehen. Die Aussicht erstreckte sich vom Cabo Garajau, dem steilen, aber wenig begangenen Ort, den wir heute Morgen passiert hatten, bis zum Cabo Girão, dem höchsten Kap auf der Welt, einem steil aufragenden Fels, bestimmt mehr als 600 Meter hoch, fast senkrecht. Ein dünner Wasserfall stürzte darüber zur Tiefe und bewässerte eine kleine Plantage mit Zuckerrohr, genau darunter gelegen, die sich bis zum Kiesstrand erstreckte. Es war einfach prächtig.

Aber als ich wieder in den Keller kam, da fühlte ich meinen Kopf brummen. Der Captain hatte das

Ochsengespann entlassen, und als ich es wegfahren sah, da konnte ich es doppelt sehen: zwei Wagen, zwei Kutscher, zwei Ochsengespanne. Das sah so fantastisch aus, dass ich rief: «Hallo, Dekker, woher ist denn diese Armee gekommen?»

Xaver bemerkte, was geschehen war, und sagte: «Bitte verzeihen Sie, ich kann nichts dafür – ich habe nur den *capitão* gekannt.»

Als ich mich zu Tisch setzte, da öffnete er die Türe gegen die Berge, und der *terral* oder Landwind blies herein, das fühlte sich angenehm und kühl an. Ich sah, wie der Wind in den Spinnweben über mir spielte.

Da sagte Xaver: «Está mais fresco, das wird Ihnen gut tun.»

Nach ein paar Minuten fühlte ich mich wiederhergestellt. Zu Fuss gingen wir dann weiter einen schmalen Fussweg hinunter, der zu einer tiefen Schlucht führte. Der Captain behielt mich im Auge, und alles ging gut, bis wir die Talsohle der Schlucht mit dem Bachbett erreichten. Der Fussweg war hier kaum zu sehen, und natürlich konnten wir hier nicht mehr nebeneinander gehen. Da strauchelte ich plötzlich und schlug mit meinem Kopf auf einem spitzen Fels auf und schnitt mir gleichzeitig eine tiefe Fleischwunde in den Handballen.

Ich muss für einen Augenblick ohnmächtig geworden sein, und als ich wieder zu mir kam, da sass ich in einem Stuhl in einem Garten, den ich noch nie zuvor gesehen hatte. Ein Mann mit einem freundlichen Gesicht wusch meine Wunden aus. Wie ich später erfuhr, war er einer der Freunde des Captains, er hiess Dr. Segueira. Er wohnte in der Nähe des

Ortes, wo das Unglück geschehen war. Der Captain und Dekker hatten mich dorthin getragen über einen steilen Pfad, der im Zickzack bergauf führte. Der Doktor legte mir einen Verband an, und ich hörte, wie er dem Captain eine Frage stellte. Jener schüttelte nur den Kopf, worauf Dr. Segueira mir zwei Tabletten mit einem Glas Wasser gab.

Darauf erholte ich mich rasch wieder und schämte mich auf einmal über das Geschehene. «Dekker», sagte ich, «ich habe Ihnen Ärger bereitet. Aber das ist nicht mein Fehler, diesmal hatte ich keinen Avellar, der mich begleitete.»

Darauf wandte sich der Captain mir zu und sagte: «So, jetzt merken Sie, woher er seinen Sack voller Tricks und seine rote Nase her hat, und weshalb er mit seinem Sohn nachts ausgeht und erst morgens spät zurückkommt. Aber wir machen uns keine Sorgen um Sie und wollen diese Geschichte vor Ollie verschweigen.»

Danach hörte ich den Doktor jemandem zurufen: «Rosaria, taga caldo de gallinha.»

Das, soviel ich wusste, war Hühnerbrühe. Da schämte ich mich noch mehr. Rosaria kam bald herein, sie war ein kräftiges Mädchen. Ihr Gesicht und ihre Arme waren sonnengebräunt. Ich bemerkte, dass Dr. Segueira ein explosives Temperament hatte, und er stand kurz vor der Explosion.

Der Captain und Dekker hatten Platz genommen und warteten gespannt, als der Doktor plötzlich rief: «Ich habs, ich habs!» Darauf sprang er auf, klopfte dem Captain auf den Rücken und fragte ihn: «Sabe mentir, können Sie lügen?», und blickte ihm dabei unverwandt in die Augen.

«Ja», antwortete darauf der Captain.

Der Doktor explodierte wieder: «Ha, ha, sabe mentir, sabe mentir, ha, ha.»

Und wieder klopfte er dem Captain auf den Rücken und einmal auch Dekker, der für einen Moment recht wütend dreinsah, dann aber wie die andern auch lachte. Bald rief der Doktor wieder: «Rosaria, Francisco, Antonio, kommt her! Ha, ha, sabe mentir, sabe mentir!» Und zu Rosaria sagte er: «Geh und mach einen Blumenstrauss.»

Inzwischen, bis der Blumenstrauss kam, nahm der Doktor seine Feder, Tinte und ein Blatt Papier, setzte sich und begann zu schreiben, während er noch ein paarmal explodierte: «Sei mentir, tu sabes mentir», und dabei klopfte er sich auf die Schenkel, einmal erwischte er beinahe Rosaria, die aber kannte ihn und wich rückwärts aus, und dann rief er wiederum: «Francisco, chama un carro», was so viel bedeutet wie: «Lass einen Ochsenwagen kommen.»

Als dieser kam, fuhren wir zum Quai hinunter. Am Bouquet befestigt war des Doktors Visitenkarte, worauf er auf der Rückseite Folgendes geschrieben hatte: «Mein Patient, den ich heute versorgt habe, stürzte beim Blumenpflücken in meiner Nähe, aber seine Verletzungen sind geringfügig, ich werde morgen wieder vorbeikommen und nach ihm schauen.»

Früh morgens kam er. Diesmal brachte er keine Blumen, sondern einen Korb voller wunderbarer Ananas. Er schaute mich an und blinzelte mir zu, und ging dann in den Aufenthaltsraum, wo er mit Ollie und Grossvater sprach. Ollie mochte ihn, denn er hatte eine freundliche Art. Diesmal brach er nur einmal in

Lachen aus, und da gerade niemand zur Hand war, klopfte er sich selber auf die Schenkel. Bevor er jedoch wieder sein Boot bestieg, schaute er nach mir und blinzelte mir zu. Darauf klopfte er mir auf den Rücken und sagte: «Sabe mentir, sabe mentir, ha ha ha», worauf er mir noch einmal auf den Rücken klopfte, was mein Kopfweh nur noch verstärkte.

Am nächsten Tag ging ich mit dem Captain an Land, da er zur Bank gehen musste. An einer Strassenecke sahen wir die Inschrift: *Rua Cristóvão Colombo.* «Das bringt mich auf eine Idee», meinte er, und er hatte wieder seinen machiavellistischen Blick. «Vielleicht ist das etwas für Sie, Jim, für einen Naturwissenschaftler.»

Am nächsten Tag besuchten wir Dr. Segueira wieder. Noch auf dem Weg gab mir der Captain eine Lektion über das Masshalten, die ich nie mehr vergessen habe. Als wir im Ochsenkarren sassen, sagte er: «Ausser Ihren Schmerzen dient das alles wahrscheinlich nur zu Ihrem Besten. Ja, es war eigentlich eher mein Fehler als Ihrer, aber ich dachte, Sie sind in Oporto und in Lissabon so trinkfest gewesen, also habe ich nicht mehr darauf geachtet, was Sie getrunken haben, und habe für einen Moment vergessen, dass die Weine hier viel stärker sind.

Jetzt geht es Ihnen wieder besser, also kann ich Ihnen eine kleine Lektion geben. Ich weiss, mit Verboten, da hat man keine Gelegenheit, eigene Erfahrungen zu machen und daraus zu lernen. Darum will ich Ihnen ein paar Ratschläge geben. Geben Sie Acht, was Sie trinken, besonders, wenn Sie heiss haben. Und nehmen Sie Ihr Essen immer in der richtigen Gesellschaft ein. Trinken Sie nie allein, und zum

Schluss: Wenn Sie einmal mit jemandem zusammen sind, der immer wieder einen neuen Drink bestellt, hören Sie entschieden auf und weigern Sie sich, noch einen zu trinken. Mit der Zeit werden Sie das lernen. Sie hatten jetzt eine Warnung, so etwas ist mir nie passiert, und ich habe das meinem Vater zu verdanken. Er war einer der Ersten, die regelmässig Wein einkauften und die ihren Keller ordentlich bestückt hatten. Jedes Jahr wurde von dem Wein in Flaschen abgefüllt, und er war viele Jahre haltbar. So wurde es immer mehr. Ich kann mich erinnern, dass wir einmal mehr als dreissig verschiedene Weinsorten hatten. Von einigen gab es da nur ein paar Flaschen, von anderen mehr.

Ja, Jim, mit all diesem Wein kann ich mich doch nicht an eine einzige Person in diesem Haus erinnern, welche ein Glas zu viel getrunken hätte. Ich denke, das war, weil wir es so gewohnt waren. Der Wein war nie abgeschlossen, und niemand von uns fühlte das Verlangen, insgeheim allein zu trinken. Mein Vater war nicht reich, Sie wissen ja, niemand auf Jilona ist reich, aber er war einer der Ersten, der all sein Geld für wohltätige Zwecke hergab. Es floss alles in den Aufbau, den wir in Jilona gemacht haben. Ich will damit sagen, dass ich ihm dafür dankbar bin.

In Amerika hat das Alkoholverbot, die Prohibition, ja auch nichts gebracht. Die Leute waren sich gewohnt, Mässigkeit zu halten, bevor sie eingeführt wurde. Und so ist das heute auf der ganzen Welt: Wenn Menschen erzogen werden wie ich, oder Avellar, dann übt John Barleycorn[20] keinen Schrecken

---

20 Narrengestalt in Form des Alkohols.

mehr aus. Er ist dann wie ein Tiger ohne Klauen. Dies kann auch für Sie so werden. Das verlangt nur ein wenig Aufmerksamkeit und Vorsicht. Mit der Zeit wird Ihnen dies zur zweiten Natur.»

Als der Captain mit Dr. Segueira sprach, da explodierte der plötzlich mit einer ganzen Salve von Lachern. «Kolumbus», sagte er, «ha ha ha!» Und wieder klopfte er dem Captain auf den Rücken. Daraufhin fragte er: «Visitamos uma procissão, uma procissão de barcos à vela?» Und wieder klopfte er und sagte: «Eu sei mentir, tu sabes mentir», darauf zeigte er auf mich und sagte: «E ele, sabe mentir?» Der Captain gab keine Antwort, worauf der Doktor noch einmal fragte: «De cara séria? Warum so ernst?» Darauf erhielt er die Antwort, dass auch ich es könne, und wiederum explodierte er: «Ele sabe mentir, ha ha!»

Ich ging und schaute mir den Garten an und liess die beiden allein. Nach einer Weile tranken wir ein Glas Madeira. Der Captain wollte gerade eine prächtige Avocado pflücken, die nahe bei seinem Kopf hing, als Dr. Segueira ihn zurückhielt und sagte: «Nehmen Sie sie nicht, sonst sehe ich aus wie ein Dieb. Diese Bäume hier sind alle von einem Fruchthändler gepachtet für zehn Dollar im Jahr, also gehören die Früchte ihm. Nehmen Sie lieber eine andere.»

Der Captain hatte wieder seinen machiavellistischen Ausdruck, als wir zurückgingen, aber er erklärte nicht, was er im Schilde führte. Unterdessen wusste ich, dass seine Streiche gut gemeint waren und nicht verletzend.

Beim Nachtessen sagte er: «Heute habe ich herausgefunden, dass es hier in Madeira ein paar Leute gibt, die über Kolumbus mehr wissen, als in den Büchern steht. Dr. Segueira ist gerne bereit, uns morgen zu begleiten und uns einigen von ihnen vorzustellen. Es findet eine Prozession von Segelbooten statt, die zu einer kleinen Kapelle fährt. Ollie, was meinen Sie zu einer Bootsfahrt und einer Prozession mit Segelschiffen? Da sind vielleicht mehr Boote dabei, als wir in Jilona haben.»

«Ich könnte mir nichts Schöneres wünschen», sagte sie.

«Ja, dann werden auch wir unser gutes Beiboot für die Prozession bereitmachen und es dort hinter dem Küstenschiff, der *Maria*, festmachen.»

Er ging hinaus auf Deck und sagte den Jungen, die Segel morgen früh herunterzulassen und alles sauber auszuwaschen. Das war so üblich, denn alles auf der *Zara* wurde sauber gehalten.

Die *Maria* war ein Küstenschiff von der feinen Art. Sie war ein altes Segelschiff, ganz aus Teak gebaut, und hatte einen kleinen Niedergang in der Art eines Seeräuberschiffs. Der Captain meinte, einen solchen hätte er auch gerne auf seiner *Zara*, so dass er ohne die Luken zu öffnen in den Laderaum hinuntergehen könnte, um nachzusehen, ob der Kabeljau noch gut sei oder ob ihm schon die Maden entgegengekrochen kämen. Die *Maria* sollte unser kleines Segelboot nach Machico schleppen. Von dort sollte es dann in der Prozession mitsegeln zu einer kleinen Bucht namens Eusébio, nahe bei einer kleinen Kapelle gelegen.

Die Leute, die der Captain erwähnt hatte, würden alle der Prozession von einem Ort aus zuschauen, der Caniçal hiess, zwischen Machico und der Bucht von Eusébio gelegen. Dort würde der Doktor sie uns vorstellen.

Einer der Jungen sollte mir helfen, unser Segelboot in der Prozession zu segeln, während die *Maria* der Prozession mit einigem Abstand folgen würde. Aber als ich unser Boot bestieg, bemerkte ich, dass es mit mehreren Seilen aus sehr steifem Manilahanf festgezurrt war. Dadurch verlor ich einige Zeit, dann aber waren unsere Masten und Segel in einer Minute gesetzt. Und wenn ich sage in einer Minute, dann meine ich wirklich in einer Minute. Unser Boot hatte ein Grosssegel und ein Klüversegel und ein tiefes Kielschwert. Das Rigg ist sehr handlich zu segeln, was in engen und vielbefahrenen Gewässern von Vorteil ist. Bald waren auch wir auf der Höhe der andern, und es waren viele Boote da. Einige segelten schneller als die andern, dann aber fierten sie ihre Segel etwas aus, als wollten sie sich im Tempo angleichen. Einige waren breiter als die übrigen, die blieben in der Mitte der Prozession und trugen Weihrauchtöpfe, Fahnen und die übrigen Gerätschaften, die ich nicht kannte.

Ollie schaute von der Brücke der *Maria* zu. Sie lachte mir zu und meinte: «Die habe ich hier lieber als in der Kirche von Oporto.»

Es war ein herrlicher Anblick und liess unsere Herzen schneller schlagen. Die Schiffe legten in der kleinen Bucht von Eusébio an, es war ein Sandstrand, gut zu slippen. Hier gab es kaum Wellengang, der Wind blies stark vom Land her, also von Norden, und so war es ein herrliches Segeln. Die Prozession setzte sich auf dem Weg zur Kapelle, die in einem Weizenfeld lag, welche einem Luís Pereira de Agrella von Santa Cruz gehörte, rasch fort.

Bald kehrten wir wieder nach Caniçal zurück, wo uns Dr. Segueira bei allen ringsum vorstellte. Auch die ganze Familie von Luís Pereira de Agrella war hier, mehrere Generationen, vom grauhaarigen alten Mann bis zu den noch kleinen Kindern. Sie sassen alle auf einem Balkon, von wo man eine herrliche Aussicht auf den Ozean genoss. Aber offensichtlich gibt es in Caniçal nur wenig Wasser. Viele Pflanzen können dort nicht gezogen werden. Deshalb war unsere Terrasse mit trockenen Palmwedeln gedeckt. Das war nicht so befriedigend wie die von allein gewachsenen Kletterpflanzen, wie wir sie sonst häufig in Pergolas sehen in den Gärten und Landsitzen in Madeira. Grossvater unterhielt sich mit den Damen, er war wirklich ein rüstiger alter Mann. Er war immer noch etwa ein Meter achtzig gross, obwohl er oft sagte, dass sie beide, er und Mr Waterman, ganze 5 Zentimeter kleiner geworden seien, seit sie jung gewesen waren. Da waren auch viele junge Damen, und die waren auch zu Ollie sehr freundlich.

Der Captain fragte bald einmal Mr Pereira, ob er etwas über Kolumbus wisse, das nicht in Büchern zu lesen sei, und der erzählte ihm, dass er eine Schwester in Santa Cruz habe, welche sich sehr für alte Geschichte interessiere, und die könne ihm sehr wahrscheinlich Informationen beschaffen. Wir tranken etwas Vinho tinto mit gekühlter Limonade verdünnt, was besonders erfrischend war. In jener Nacht fuhren wir alle wieder auf der *Maria* zurück.

Wie geplant fuhren wir am nächsten Tag aus zu einer kurzen Fahrt. Diesmal ging es nach Santa Cruz. Als wir ankamen, da wartete der Bruder von Luís Pereira, Alfredo, schon auf uns am Quai, zusammen mit einem anderen Mann, den er uns als seinen Neffen Julio vorstellte. Gemeinsam gingen wir zu Pereiras Haus und setzten uns dort in einem schattigen Garten nieder. Von dort konnten wir die Bucht von Santa Cruz sehen und ein paar andere Inseln, die Desertas, etwa 20 Meilen entfernt. Dann trat eine Frau aus dem Haus und wurde uns als Ehefrau von Alfredo Pereira vorgestellt. Sie küsste zuerst ihren Gatten, dann den Neffen.

Wir waren etwas verwirrt, aber Mr Julio erklärte uns, dass sie seine Tochter sei. Das verwirrte uns noch mehr, und alle brachen in Gelächter aus, als der Neffe erklärte: «Er ist mein Onkel, und ich bin sein Schwiegervater, aber wir sind nicht blutsverwandt. Denn meine Mutter heiratete zweimal, und Alfredo ist viel jünger als mein Stiefvater. Ich weiss, das klingt eigenartig, aber wir haben uns daran gewöhnt. Nur ist es schwierig zu sagen, wie wir mit dem kleinen Säugling verwandt sind, ausser als Vater und Grossvater.»

Die Schwester von Mr Pereira, Tante Teresa, erwies sich als eine anmutige alte Jungfer mit grauem Haar. Sie war sehr freundlich zu uns, aber was wir an Informationen erhielten, war mager. Sie sagte, Kolumbus habe eine junge Frau namens Perestrello geheiratet, die Tochter des Seefahrers Bartholomeo Perestrello, damals in Porto Santo, einer Insel etwa 20 Meilen nordöstlich gelegen. Sie berichtete auch, dass sie gehört habe, wie ein Mann namens Sanchez Kolumbus auf die Idee gebracht habe, Richtung Westen loszuziehen. Des Weiteren meinte sie, wir könnten in Porto Santo vielleicht etwas finden, dies sei aber wenig wahrscheinlich, denn die Frau von Kolumbus sei nie vom Kontinent zurückgekehrt und sei gestorben, bevor er ein berühmter Mann geworden ist. Dann sei da noch ein alter Fotograf mit Namen Perestrello, den man als Nachkomme des Schwiegervaters des Kolumbus betrachte. Und weiter bestünde eine Möglichkeit, meinte sie, dass die Archive im Bischofspalast in Funchal Informationen enthielten. Diese würden von einem Priester namens Cónego Homem de Gouveia verwaltet. Der sei ein netter und höflicher Gentleman, der uns sicher alle Informationen geben würde, die er habe, soweit dies mit der Verantwortung seines Dienstes vereinbar wäre.

Als wir am nächsten Tag dorthin fuhren, um ihn nach Informationen zu fragen, zeigte er sich sehr freundlich und liebenswürdig. Er hatte von der Geschichte gehört, welche uns Tante Teresa in Santa Cruz berichtet hatte, aber darüber hinaus wusste er auch nicht mehr, ausser, dass einmal die Bestände des Archivs nach Rom gesandt worden seien, und er könne uns nicht sagen, ob wir dort mehr Informationen bekommen könnten.

Zurück nach Jilona

Die *Zara* war bald mit ihrer Ladung bereit, also verabschiedeten wir uns von unseren liebenswürdigen Freunden. Ollie sagte, dieser Ort gefalle ihr besonders, auch die Menschen dort, sie seien denen in Jilona sehr ähnlich. Wir trafen dort überall nur freundliche Menschen, obschon wir da auch des Öfteren Seemänner fluchen hörten, wenn sie sich etwa zur Landungsbrücke der Passagierschiffe drängten oder wenn zwei oder drei von ihnen gleichzeitig den selben Schilling erhaschen wollten, oder wenn sie mit ihren Fäusten oder Bootshaken gegeneinander kämpften, aber wir machten uns nichts draus, wenn Ollie diese Flüche zu Ohren bekam, denn sie waren harmlos.

Am letzten Abend sass ich mit dem Captain im Aufenthaltsraum, als er mich nach meinem Besuch bei der Geographischen Gesellschaft in Lissabon fragte und ob ich die Sammlung interessant gefunden habe. Ich berichtete ihm alles darüber und nannte auch das afrikanische Musikinstrument, die Marimba. «Marimba», sagte er, «Marimba. Gab es davon mehr als eines?»

«Nein, es gab nur das eine.»

«Dann ist da ein grammatikalischer Fehler. Die Einzahl davon heisst Serimba, die Mehrzahl heisst

Marimba. Das muss ich Avellar schreiben.» Und bald darauf kritzelte er ihm einen Brief.

Wenig später fuhren wir wieder heimwärts Richtung Jilona. Der Captain gab uns jetzt oft Unterricht, hielt Reden über die Geschichte der besuchten Orte, er hatte einen enormen Fundus an Informationen.

Eines Abends fragte er Ollie: «Wie ich höre, mochten Sie den Geruch des Weihrauchs in der Kirche von Oporto nicht?»

«Ich habe zwei Dinge nicht gemocht: diesen Geruch und die Bettlerinnen an den Toren», gab sie zur Antwort. «Ich kann diese Art Barmherzigkeit nicht verstehen, die sie dort ewig betteln lässt.»

Darauf meinte er: «Sie dürfen aber keinen Moment glauben, die Kirche tue nichts für die Armen. Auf jede arme Frau an den Toren gibt es sicher mehr als ein Dutzend, für die die Kirche wesentlich in Altersheimen oder Waisenhäusern sorgt. Leider ist die Barmherzigkeit wie ein zu kleines Leintuch, immer zu klein, all die Blössen zuzudecken, welche die Ungerechtigkeit verursacht.

Das alles erinnert mich an eine Geschichte, die mir Waterman berichtet hat, von seinem Besuch in den Vereinigten Staaten. Eines Tages besuchte er eine Baumwollplantage. Am Abend gab die Tochter des Besitzers einen Ball und organisierte einen Bazar, um Geld aufzutreiben, womit sie etwas hätte kaufen wollen für die armen Sklaven. Aber während all der Zeit wurde alle Arbeit im Haus und draussen auf den Feldern von Sklaven verrichtet. So wurden die eigentlichen Bedingungen, welche solch eine Karikatur von Barmherzigkeit erst möglich gemacht hatten, immer fortgeführt, und der Bazar fand jedes Jahr erneut statt.

Ich selber habe etwas Ähnliches gesehen. Einmal war ich in Montreal und sah dort eine prächtige Kutsche mit zwei Pferden, einem Kutscher mit seinem Gehilfen. In der Kutsche sassen zwei Damen. So fuhren sie durch die Quartiere der Armen in ihrer Stadt. Das ganze Gespann mit den Pferden, dem Wagen und den Pelzen hatte bestimmt einen Wert von nicht weniger als 20 000 Dollar. Alle paar Schritte hielt das Gefährt an, der Gehilfe stieg ab, läutete eine Glocke und überreichte den Bewohnern des Hauses eine Flasche mit Milch, die damals etwa vier oder fünf Cent wert war. Die Dankbarkeit über diese Wohlfahrt in den Gesichtern der Armen war entwürdigend, jedes anständige Mädchen hätte das besser gewusst. Trotzdem sah das Ganze überhaupt nicht lächerlich aus. Die Menschen dort wollen nicht Milch, auch wenn ich annehmen muss, dass sie dafür schon Verwendung hatten, sondern was sie wollten, war Arbeit. Ich weiss nicht, weshalb es so schwer ist, welche zu finden. Aber ich konnte beobachten, dass in zivilisierten Ländern nur in Kriegszeiten oder für ganz kurze Perioden jedermann eine Arbeitsstelle findet.

In Lissabon gibt es eine Gesellschaft zur Bekämpfung der *pobreza envergonhada*, wie sie es nennen, was so viel bedeutet wie ‹beschämende Armut›. Ziel der Gesellschaft ist es, da zu helfen. Und ich habe gehört, dass dies eine besonders schwierige Aufgabe sei. Je mehr es ein Mensch verdient hätte, dass ihm geholfen würde, desto mehr wird er sich selbst anstrengen, seine Armut hinter einer Fassade zu verbergen. Aber ob Schicksal oder selbstverschuldet, Hunger plagt immer auf dieselbe Weise. Ich habe gehört, die Gesellschaft komme nicht recht voran.

Das zeigt doch, dass manche wertvolle Menschen arm sind und sich dennoch weigern, Hilfe anzunehmen. Ich bin dankbar dafür, dass wir in Jilona immer genug Arbeit für alle haben, und dass Ihr Vater nicht an Barmherzigkeit denkt, sondern an Gerechtigkeit. Erinnern Sie sich an die Witwe, welche vor ein paar Jahren auf Jan Mayen ihre beiden Söhne verloren hat? Der Gouverneur hat ihr eine volle Witwenrente gegeben. Nach einer Weile ist sie zu ihm gekommen und hat erklärt, sie habe keine Fürsorgepflichten und dass ihr deshalb nur eine halbe Rente zustehe. Ihr Vater aber erklärte ihr, sie solle das Geld nur annehmen, das sei für sie besser so. Und ich bin froh, dass niemand seine Entscheide in dieser Sache kritisiert hat, es zeigt doch, dass wir einen gewissen Gerechtigkeitssinn haben. Sogar unsere arme Insel ist fähig, alle Einwohner anständig zu ernähren und zu kleiden, weshalb sollte dies nicht auch in den andern Teilen der Erde möglich sein, welche doch viel reicher an Bodenschätzen und Produkten sind?»

Auf dieser Reise zurück nach Jilona hielt ich mich oft mit Dekker im Maschinenraum auf. Die Maschine, woran er arbeitete, war eine Art *Pathfinder* für die Anwendung unter Wasser, etwas wie ein Echolot. Er meinte, er müsse in Jilona noch mehr Experimente durchführen mit einem kleineren Boot, so dass er es näher oder weiter von der Küste steuern könne, ganz nach Belieben, und das könne er natürlich mit der *Zara* nicht ausprobieren, welche viel zu stark ausgelastet sei, als dass man mit ihr solche Experimente hätte durchführen können. Er meinte, der Apparat würde sicher bald nach unserer Ankunft in Jilona funktionstüchtig sein.

Dekker hatte uns gesagt, dass er Avellar eines unserer Telefone gegeben habe. Der Captain war darüber sehr erfreut und meinte, da habe Dekker dem richtigen Mann vertraut.

«Ja», meinte darauf Dekker, «und ich hab noch mehr getan: Ich hab ihm eine Vollmacht gegeben, so dass er eine Art Generalagent von uns in dieser Gegend ist.»

Als wir wieder in Jilona ankamen, da hatten wir noch fast einen ganzen Monat bis zum Beginn der Fischsaison im Herbst. Dekker und ich beschlossen, diese Zeit dafür zu nutzen, die Insel besser kennenzulernen. Der Captain war derweil sehr damit beschäftigt, ein anderes Schiff für eine nächste Reise nach Oporto zu laden.

Eines Abends, als wir in Dekkers Studierzimmer sassen, wo auch der Captain und Grossvater anwesend waren und Ollie für sich allein sass, da überfiel sie ganz plötzlich ein heftiges Bewusstsein für die Wahrheit, es war offensichtlich. Ob Dekker sie informiert hatte, oder ob sie einfach zwei und zwei zusammengezählt hatte, ich weiss es nicht. Aber ich sah, wie sie ein wenig zitterte, als ob sie den Schluckauf hätte. Plötzlich nahm sie ihren Kopf in beide Hände und sagte: «Oh Gott, muss das wirklich so sein?» Darauf stützte sie sich am Tisch ab und wandte sich dem Captain zu: «Ich sehe alles jetzt klar, auch wie Sie alle sich für das Allgemeinwohl eingesetzt haben und versucht haben, mich abzuschirmen. Und immer misstraute ich Ihren Spässen. Ich wünschte, Sie könnten vergessen, welch übermütiges und eingebildetes Mädchen ich war, und könnten mir verzeihen. Seien Sie versicht: Von jetzt an werde ich nur in freundschaftlicher Weise an Sie denken.»

Sie streckte ihre Hand aus, und der Captain nahm sie in seine. In seinen Augen sah ich eine Träne. Der tapfere, alte Captain! Er wusste, dass er nicht weinen durfte, er riss sich zusammen und heulte nicht, so wie ich es beinahe getan hätte auf unserem Ausflug zur Apple Beach. Er sagte nur: «Ollie, da gibt es nichts zu verzeihen, und es ist schon vergessen.»

Daraufhin fuhr Ollie fort: «Sie werden sehen: Ich habe nicht weniger Mut als die andern.» Nach einer Pause: «Mr Avellar mochte die Gewinnspiele in Lissabon nicht besonders, glaube ich, aber ich werde hier ein Gewinnspiel veranstalten. Das wird die bösen Gedanken von den anderen Leuten fernhalten.»

Wie konnte sie dieses Wort nur kennen, welches ich selber nur einmal von Dekker gehört hatte? Gute Ollie! Wie sehr hatte ich Mitgefühl mit ihr! Schon seit damals, als sie mich ins Bett begleitete und mir den warmen Tee gab, der mir so wohl tat, seit damals bin ich ein Mann! Mein rotes Herzblut fliesst heiss und kräftig durch meine Adern, und ich fühle mich gut. Meine Hände sind nie mehr kalt, nein, nicht einmal, als ich mit Dekker in die wilden Berge stieg und wir während zweier Tage keinen Unterschlupf fanden, während denen ein bissiger Sturm aus Osten fortwährend blies, auch da hatte ich nicht kalt. Als ich zum ersten Mal auszog, da war ich noch ein dummer, kleiner Junge. So viel weiss ich jetzt.

Aber ich habe auch gesehen, dass es viele solche Jungen gibt, zu viele, und sogar Sie selbst, Herrn der Gesellschaft … Also, ich wollte es nicht gerade so ausdrücken, aber glauben Sie mir, geschätzte Miss

Smith, wenn die Herren jetzt hier wären, bei 30 oder 50 oder wie viel Grad auch immer unter null, dann würde ich ihre verwöhnten Händchen in meine Hände drücken, so dass sie aufsprängen und aufheulten. Ich würde ihnen auf den Rücken klopfen, bis sie husteten und schnäuzten, und nichts mehr an das ‹Ha ha ha› von Dr. Segueira erinnerte! Diese geizigen Knacker! Mir meinen Job wegnehmen und mich einen Deserteur nennen, während Dekker, diese gute Seele, mich nicht nur für all den Fisch bezahlte, den ich gefangen hatte, sondern mir darüber hinaus auch noch so einen schönen Scheck ausgehändigt und mich auf so elegante Weise am Geschäft beteiligt hatte.

Was den Captain angeht, da stand für ihn mehr auf dem Spiel. Am selben Abend redeten wir über die nächste Fahrt der *Zara*, welche in Kürze auslaufen sollte.

Dekker meinte dazu: «Kohle, wir müssen Kohle haben!»

Da aber führte sich der Captain für kurze Zeit auf wie ein wildes, wieherndes Füllen, das gegen die Herde ankämpft. «Diese schöne, saubere *Zara* mit der gehassten Kohle beschmutzen! Muss es wirklich so weit kommen?»

Dekker aber fuhr fort: «Wir müssen Kohle haben.»

Und der Captain liess langsam seinen Kopf hängen, und es hat ihn viel gekostet, einzuwilligen.

Die Insel und ihr Geheimnis

Eines Tages schritt ich mit Dekker über das Flugfeld. Da sah ich Elmer Hiblar aus einem der Hangars herauskommen. Er sah aus wie ein Mann, der seinem Grab entstiegen war. Sein Gesicht war ausgemergelt, fast wie das eines Skelettes. Seit unserem gemeinsamen Flug war er fast täglich nach Grönland hinübergeflogen, einmal mit dieser Ladung, ein anderes Mal mit einer andern, bis ihm die Anstrengung so sehr anzusehen war und er sich kaum mehr auf den Füssen halten konnte. Jetzt war er gerade von einem seiner Flüge zurückgekehrt.

Dekker ging ihm entgegen und sprach in freundlichem Ton zu ihm: «Übertreiben Sie es nicht, Elmer, bald benötigen wir alle unsere kräftigen Männer. Gehen Sie in diesem Zustand nicht nach Hause zu Ihrer Mutter, kommen Sie lieber mit uns und ruhen Sie sich in unsrem Haus aus, bis Sie wieder besser dran sind. Ich will Ihrer Mutter ausrichten, dass Sie bei mir sind.»

Wie abgemacht blieb er fast eine Woche bei uns und erholte sich rasch.

Bald darauf hatte mich der Captain zu einem Abendessen eingeladen, das bald im Restaurant der Mrs Grabo und ihrer Tochter gegeben werden sollte. Ich fragte Dekker, ob er auch unter den geladenen

Gästen sei, aber er sagte: «Nein, Sie wissen ja, ich wäre nur wie der Kopf der Medusa; sie könnten so nicht glücklich sein. Aber ich bin froh, wenn Sie die Sorgen für einen Moment fallen lassen können.»

Das Dinner rückte näher und war geplant auf ein oder zwei Tage, bevor der Captain wieder in den Süden losfuhr. Er hatte alle Gäste der Reihe nach begrüsst. Wir hatten uns kaum bei einem Glas Madeira niedergesetzt, als er begann: «Ich habe auf meiner letzten Reise etwas Neues gelernt, ich denke, niemand von euch kann dies. Können Sie ein Glas Wasser mit nur einem Nagel an der Decke festmachen?»

Natürlich konnte dies niemand. Also stellte er sich an, es selbst zu tun. Es schien, als ob er dabei etwas Schwierigkeiten hätte, und da fiel ihm der Nagel zu Boden. Rose Grabo, welche gleich in der Nähe sass und darauf bedacht war, etwas Neues zu lernen, hob ihn für ihn auf.

Aber im selben Augenblick goss er ihr das Wasser ins Genick. «Jetzt sind Sie getauft!», sagte er dabei. «Von der nächsten Reise werde ich ein Weihrauchgefäss mitbringen, und Sie werden eine rechte Christin sein.»

Dieser etwas rüde Spass wurde von allen beklatscht, denn viele Jilonesen – warum, weiss ich nicht – hatten eine Antipathie gegen Weihrauch und Christen.

Die Witwe Grabo aber sagte in gespielter Ernsthaftigkeit: «Sie können Ihren Weihrauch für sich behalten, mein Haus ist auch ohne solche Desinfektionsmittel sauber. Ich finde, was Sie da mitgebracht haben, ist nicht sehr gut.»

Die Menükarte habe ich immer noch bei mir. Darauf stand:

Verschiedene Horsd'œuvres
Hummer mit Mayonnaise
Lachs und gekochte Seeforellen
Geröstetes Schaf, Brunnenkressesalat
Wildente mit Pilzsauce
Dessert
Früchte und Käse
Kaffee
Weine: Salvaterra de Magos, Colares, Burgunder, Médoc.

Zum Horsd'œuvre gab es russischen Kaviar auf Toast und italienischen Salami auf kleinen Brötchen.

Während diesem denkwürdigen Dinner gab es viele Reden, ich kann hier nur die wichtigsten wiedergeben. Als der Salvaterra de Magos zum Hummer serviert wurde, da fragten viele den Captain, woher die Flaschen kämen.

Und hier seine Ansprache, mit welcher er antwortete, soweit ich mich erinnern kann:

«Ich habe einen Freund namens Avellar, der geschäftlich in ganz Portugal herumreist. Und hier habe ich einen Brief von ihm mit Informationen von einer seiner Reisen in den Norden.» Darauf zog er den Brief aus der Tasche, der in der Kiste mit dem Salvaterra de Magos an Bord gekommen war. «Er sagt, dass es im Norden Portugals Fieberdistrikte gibt, welche fast nur Weinhändler kennen. Das Land ist dort hüglig, sogar gebirgig, es gibt dort kaum Sümpfe, so dass die Vernichtung der Mücken, welche das Fieber verursachen, eine relativ einfache Sache wäre. Aber jetzt sind die Bewohner dieser Gegend derart durch das Fieber geschwächt, dass sie unfähig sind, all die Arbeiten in den

Rebbergen zu verrichten, und dies geschieht ganz besonders im Sommer und Herbst, da während dieser Zeit auch das Fieber am heftigsten wütet.

In der Folge haben die Bauern und Weinbauern die Gewohnheit angenommen, Arbeiter aus den benachbarten Distrikten Spaniens anzuheuern. Jedes Jahr findet da eine wahre Einwanderungswelle über die Grenze statt. Diese Leute aus Spanien leben gerne unter sich und mischen sich selten unter die einheimische Bevölkerung. Sie leben am liebsten alle zusammen in einem Haus, wenn sie eine geeignete Unterkunft finden. Als ein Besitzer einmal versuchte, die Geschlechter zu trennen, da wurde er von ihnen ganz scheel angeschaut und musste von seinen Plänen ablassen. Sie wollen in Familien zusammenleben und nicht getrennt werden.

Die Firma, welche diesen Wein vertreibt, handelt viel in dieser Gegend. Der Wein ist gut und wächst meist auf aufgeschütteten, gemauerten Terrassen. Die Gesellschaft transportiert das Meiste mit Karren hinunter zum Bahngeleise. Sie haben aber wenig bis keine Ladung für die Rückfahrt. Dies brachte meinen Freund Avellar auf eine Idee, und er dachte an meine Ladung Fisch an Bord der *Zara*. Für uns ist es keine schlechte Gelegenheit, nach neuen Märkten Ausschau zu halten. Die Gesellschaft ist bereit, unsern Fisch zu einem fairen Preis zu übernehmen, im Tausch geben sie uns dafür eine bestimmte Menge Wein. Sie betreiben dort zurzeit einige Verkaufsläden und sind bereit, weitere zu eröffnen. Avellar hat mit einem ihrer Manager gesprochen. Er hat versprochen, sich für diesen Distrikt einzusetzen und zuerst die Moskitoplage zu beseitigen. Ich hab darüber mit dem Gouverneur Storen gesprochen. Der ist einverstanden, mir die Angelegenheit ganz zu überlassen, und jetzt habe ich Ihnen vom Projekt erzählt, und Sie können sich Ihre eigene Meinung darüber bilden und wissen, worum es sich handelt, wenn es das nächste Mal an der Versammlung von Wijstad verhandelt wird.»

Einer der Gäste an diesem Dinner war ein bekannter Mann in Jilona, der bisher in diesem Bericht noch nicht erwähnt worden ist. Er hiess Dr. Storsteng. Seine Praxis war nur klein, denn auf Jilona gab es wenig Krankheiten. Trotzdem war er ein sehr nützlicher Mann. Er war dauernd damit beschäftigt, die Haltbarkeit und Konservierung von Fischen zu verbessern. Über mehr als zehn Jahre lang hatte er nach einer Lösung gesucht, den Kapelan zu konservieren, der hier in solcher Fülle auftritt, dass die Bauern ihn einbeizen, wenn er während der Saison tot angespült wird. Aber bis jetzt ist es ihm noch nicht gelungen, daraus etwas zu machen, was mit der Sardine vergleichbar wäre.

Während des Dinners sprach ihn Captain Wermus an und fragte ihn: «Was tun Sie eigentlich die ganze Zeit, wenn Sie so durch Ihr Mikroskop schauen?»

Der Doktor antwortete: «Ja, da muss ich Ihnen mit einer andern Frage antworten: Woher haben Sie die Salzladung, die den Fisch aus unserem letztjährigen Herbstfang so schwarz werden liess?»

«Da haben Sie mich erwischt, Doktor, ich weiss es nicht mehr; war es eine offene Ladung oder war sie in Säcken abgepackt?»

«Sie war offen.»

«Dann habe ich das von einem Sizilianer gebracht, der für gewöhnlich Schwefel aus Sizilien transportiert.»

«Jetzt haben wir's: Schwefel. Das ist es wahrscheinlich, ich habe Spuren davon gefunden. Da wissen Sie nie, wie sich das auswirkt, in einigen Formen ist es sogar giftig. So, wie wir ihn exportieren, ist er für uns ungefährlich, aber für einige Bazillenarten tödlich. Seien Sie bitte beim Salzeinkauf vorsichtig, und nehmen Sie nur das reinste, das Sie bekommen können, mit Vorliebe Meersalz, auch wenn Steinsalz manchmal noch etwas weisser aussieht.»

Darauf folgten noch mehr Gespräche, die aber meist nur von lokalem Interesse waren, und ich werde sie hier nicht wiedergeben. Ich konnte aber daraus schliessen, dass die ganze hier versammelte Gesellschaft informiert war, das heisst, dass sie alle über Dekkers Entdeckung über den Vulkan orientiert waren und auch über seine Pläne, die ausgearbeitet worden waren, ihr Schicksal abzuwenden, soweit dies möglich war.

So beschloss ich, wenn ich mit Reden an der Reihe wäre, dann wollte ich es genau herausfinden. Offensichtlich fühlten sich die Jilonesen in ihrem Land sicher, denn zurzeit waren sie es auch. Also galt es nun, alle Sorgen zu verjagen! Meine Chance kam, und so hielt ich meine Rede. Und ich glaube, ich hielt eine gute Rede. Sie hatten mich gebeten, etwas über unsere Reise nach Portugal zu berichten. Gerne kam ich ihrer Bitte nach und erzählte ihnen über Lissabon und meine Bewunderung für Avellar.

Dann sagte ich: «Und Avellar ist nicht der einzige Freund, den ich auf dieser Reise gefunden habe. Ich freundete mich auch mit Captain Wermus an, und er bestätigte mir, dass er mir vertraue.» Ich blickte zum Captain, und als er keinen Widerspruch zeigte und mich nicht zu bremsen versuchte, fuhr ich fort. «Bei dieser Gelegenheit gab mir der Captain ein bestimmtes Buch, das zu lesen ich noch keine Zeit gehabt habe, aber auf dessen Titelseite der Name *Ferrer* stand. Ich nahm es mit noch grösserer Freude entgegen, da ich in der Vergangenheit über die Kunst des Schiffsbaus und das bewegte Leben von Ferrer wiederholt nachgedacht hatte. Bei dieser Gelegenheit bat er mich, sein Freund zu sein, und sagte, dass er alles, sogar sein Schiff und sein Vermögen für dieses Buch geben würde, obwohl er es nie gelesen hatte, und von der Geschichte nur gehört hatte, nachdem Ferrer tot war und von seinem Freund Avellar erwähnt worden war.

Dieser Ferrer war damals zu Geld gekommen, und nach Absprache mit seinen Töchtern hatten sie beschlossen, ihm die Mittel zu lassen, damit er eine Schule bauen lassen konnte. Aber da die Schule nicht unter dem Regiment Roms stand und nicht durch Weihrauch verunreinigt war, wurde er vom Klerus gehasst und ins mächtige Gefängnis Montjuïc im Süden der Stadt Barcelona gesteckt. Dort wurde er auch gefoltert und starb schliesslich einen elenden Tod. Sogar ein Begnadigungsgesuch an den König von Spanien wurde von diesem wirsch abgelehnt. Darauf bat mich Avellar, ein Freund von Ferrer zu sein und nur Gutes von ihm zu berichten und seinen unwürdigen Tod zu bedauern.

All das erzählte mir der Captain, obwohl es dringendere Angelegenheiten gab, da er selber ja an ein

Versprechen gebunden war, ein schlimmeres Schicksal abzuwenden: Jenes, das unsere geliebte Insel Jilona heimsuchen soll. Darum nahm der Captain selbst eine Maschine an Bord, welche im Zusammenhang mit diesem elenden Ende eine Bestimmung erhalten sollte. Ja, er nahm sie mit, trotz seiner Aversion gegen Dampf und den schädlichen Rauch, und willigte erst unter Druck ein, verhasste Kohle zu laden.»

Weiter berichtete ich ihnen, dass die Vermarktung ihres Fisches in guten Händen war, und dass ich gehört habe, dass man sogar in Puerto Montt im fernen Chile, wohin ein Teil unseres Fisches verkauft worden war, die verschiedenen Frömmigkeitsstile der Leute am Geruch unterscheiden konnte, je nachdem, ob es nach Fisch oder Knoblauch roch, den die Leute an jenem Tag gegessen hatten.

Ich kam zum Ende, und meine Rede kam gut an. Jetzt wusste ich, dass die ganze Gesellschaft informiert war. Sie waren die Wissenden, so bezeichnete ich für mich selbst die Menschen, die Dekker in sein Geheimnis eingeweiht hatte. Der tapfere alte Captain! Es waren also nicht bloss die kleinen Dinnerparties, welche ihn und seine Gefährten in die Einsamkeit an den Süsswassersee zu Mrs Grabo getrieben hatten! Da gab es auch noch ernsthafte Dinge zu diskutieren.

Unterdessen waren wir bei den Enten angelangt. Sie waren köstlich wie überhaupt das ganze Dinner. Noch nie hatte ich so saftiges und schmackhaftes Fleisch gekostet. Danach tauschten wir ein paar Rätsel aus. Das ist eine für Jilonesen typische Gewohnheit, die darin besteht, eine Geschichte zu erzählen, in welcher ein Teil ausgelassen wird. Aus irgendeinem Grund ist die Geschichte unvollständig, meistens kennt der Erzähler selbst den ausgelassenen Teil nicht. Ein Teil der Zuhörer zieht sich dann in einen anderen Raum zurück, wo sie nicht über die Geschichte reden dürfen. Dann treten sie wieder einer nach dem andern ein und erzählen den fehlenden Teil der Geschichte, so wie er ihnen wahrscheinlich vorkommt. Gelegentlich gehen da die Meinungen weit auseinander, aber oft stimmen sie in beträchtlichem Ausmass überein. Einige dieser Rätselgeschichten waren nur von lokalem Interesse, aber ich werde Ihnen hier eine erzählen, an welche ich mich noch genau erinnere.

Der Captain hatte die Geschichte erzählt: «Vor noch wenigen Jahren lag ich mit der *Zara* in Funchal vor Anker und löschte eine Ladung Fisch. Da kam eines Morgens ein sehr grosses Passagierschiff herein, welches aus Amerika kommend in Richtung Mittelmeer unterwegs war. Ich glaube, es war eines der *White-Star*-Linienschiffe, wenn ich mich recht erinnere. Wahrscheinlich die *Celtic* oder die *Adriatic*. All die Zeit schaute ich in ihre Richtung; ich sah viele Passagiere aus kleineren Booten zusteigen, einige über die Treppen. Die meisten trugen Blumensträusse oder grosse Körbe mit Blumen mit sich.

Das weckte meine Neugier so stark, dass ich den Bootsführer fragte: ‹Was ist denn auf dem Schiff los, feiern die etwa Weihnachten?›

‹Nein›, meinte er, ‹Pierpont Morgan[21] ist an Bord.›

---

21 John Pierpont Morgan (1837–1913): ein US-amerikanischer Unternehmer und der einflussreichste Privatbankier seiner Zeit.

Ich konnte dem kaum Glauben schenken, denn ich wusste, dass Pierpont Morgan eine eigene grosse Jacht besass. Aber es war wahr. Ich schaute durch mein Fernrohr und sah, dass die Bouquetträger alle ihre Geschenke im Büro des Chefstewards abgaben und eine Weile mit ihm redeten. Ich konnte genau sehen, was da vor sich ging. Es hatte da eine breite Doppeltür, und das Büro des Chefstewards war gerade dahinter, aber natürlich konnte ich nichts von dem hören, was sie redeten.

Da wurde ich nachdenklich: Ist es möglich, dass all diese Blumen für Pierpont Morgan bestimmt waren? Sie waren es. Ich erfuhr später, dass die Ankunft solch eines Millionärs aus den Staaten auf solch einem Schiff den Bedarf an Blumen enorm in die Höhe schnellen liess. Die Passagiere waren bald an Bord, und das Schiff fuhr aus. Aber sie hatten noch kaum ihren Kurs Richtung Osten eingeschlagen, da wurden viele Blumensträusse mitsamt den Körben und allem Drum und Dran über Bord geworfen. Ich konnte sie noch eine ganze Weile auf dem Wasser schwimmen sehen. Und jetzt möchte ich wissen, weshalb sie weggeworfen worden waren und was das alles zu bedeuten hatte.»

Einige von der Gesellschaft, insbesondere die Jüngeren, gingen in einen Nebenraum. Einer trat ein und hielt seine Rede, welche die Meinung der Meisten vertrat, und das war: Pierpont Morgan war ein alter Mann, ein sehr erfahrener, der gleich wusste, dass all die Geschenke mit einer Absicht gegeben worden waren und nicht aus reiner Freundschaft, und als der Steward ihm zu viele solche Geschenke brachte, da befahl er, sie alle über Bord zu werfen.

Einige von den Gästen hatten ungefähr die gleiche Rede gehalten, als wir den letzten in ein schallendes Gelächter ausbrechen hörten. Die Türe war offen geblieben, und er hatte die letzte Rede vom Anfang bis zum Ende gehört. Er kicherte immer noch, als er begann: «Das ist ganz und gar nicht meine Meinung. Ich denke, das hatte etwas zu tun mit den Gerüchen.

Aber um Ihnen alles klarzumachen, muss ich Ihnen zuerst eine kleine Geschichte erzählen: Da lebte einst ein Fischer in der Bretagne, dem es selten gelang, auf einen grünen Zweig zu kommen, oder wie wir Bootsleute sagen, zum Top des Mastes zu gelangen. Er hatte ein altes Boot, welches viel Unterhaltsarbeiten verlangte, und seine Netze waren auch nicht mehr die Besten. Er lebte zusammen mit seiner alten Mutter und hat sich nie verheiratet.

Eines Tages sagte er zu der alten Frau: ‹Meine Socken sind derart alt und geflickt, dass ich mich schäme, so in der Stadt aufzutreten. Wenn ich nur das Geld auftreiben könnte, um mir ein paar neue zu kaufen.› Sie wissen ja, dass die Bretonen, zumindest die alten, kurze Hosen tragen.

Aber die Mutter hatte da eine Idee: ‹Wir haben doch einen Pudel. Wenn du seine Wolle scherst, dann will ich sie verspinnen, und ich stricke dir ein gutes Paar Socken.›

Und so geschah es. Ganz stolz erschien der Fischer auf dem Marktplatz der Stadt. Aber er hatte seine Rechnung ohne die Hunde gemacht. Sie kamen auf ihn zu und rochen bald die Herkunft der Wolle und machten allerlei beängstigende Anstalten. Und seither erinnern sich die Hunde nicht nur in der

Bretagne, sondern in vielen Ländern an dieses Ereignis. Und wenn so ein armer Teufel, der kein Geld hat wie unser Fischer, auf sie zukommt, dann hat er es schwer mit ihnen. Denn die Hunde haben einen besonders ausgeprägten Geruchssinn.

Ich habe gehört, dass derselbe Sinn auch bei Bankern sehr weit entwickelt sei. Die können sofort sagen, wo Geld ist und wo nicht. Und dieser amerikanische Banker in der Geschichte hat vielleicht eine Aversion gegen den Duft der Blumen gehabt, gerade wie Captain Wermus eine gegen den von Weihrauch hat.»

Diese Rede wurde mit Applaus aufgenommen. Und danach gab es noch eine ganze Menge Rätsel, denn wir hatten viel Zeit, und vor uns lag die Mühsal der Heimfahrt. Aber alles hat ein Ende, so auch dieses Nachtessen. Es war wirklich ein grosser Erfolg.

Auf dem Vulkan

Captain Wermus fuhr bald danach wieder mit der *Zara* aus. Die Herbstfischerei hatte noch nicht begonnen, und so hatten wir wenigstens Zeit, alle interessanten Orte auf der Insel zu besuchen. Einer der ersten war das Treibhaus. Es war ein grosses Gebäude mit einer mächtigen Halle in der Mitte. Dort wurden, wie mir Dekker erzählte, während des Winters oft Konzerte veranstaltet. Die Leute von Jilona konnten gut singen, waren auch gute Musiker und hatten verschiedene Musikinstrumente selber entwickelt, darunter eine Art Alphorn mit einem besonders weichen Ton.

Danach zeigte mir Dekker die Tunnels, welche seitlich in den Vulkan gegraben worden waren, und durch die das Treibhaus und die Städte Wijstad und Nordorp im Norden der Insel mit heisser Luft versorgt wurden. «Die Hitze da drin nimmt ständig zu. Jetzt müssen wir sehr aufpassen, dass wir nicht alles verbrennen, was in dem Treibhaus wächst. Zu Beginn hatten wir gerade mal genügend Wärme, um alles zu betreiben. Die Erdkruste unter der Insel wird immer dünner, deshalb nimmt die Hitze zu. Zusammen mit Dr. Storsteng haben wir eine grobe Berechnung angestellt, was den Zeitpunkt betrifft, wann sich die Katastrophe ereignen wird. Wir hatten wenige Zahlen als Grundlage oder zum Vergleich, aber eine stammte vom kürzlich gebohrten Simplontunnel in der Schweiz, wo während der Bauarbeiten eine hohe Temperatur gemessen worden ist. Dr. Storsteng war mehrere Male dort und brachte Messdaten zurück über den Grad der jährlichen Abkühlung. Auf diesen umgekehrten Fakten beruhen unsere Berechnungen zum grössten Teil. Im Winter kann ich Ihnen ein paar Symptome zeigen, welche noch viel beunruhigender sind als diese hier.»

Mehrere Male fuhr ich mit Dekker zum Süsswassersee, an dessen einem Ende das Elektrizitätswerk von Steendam lag. Ich hatte meine Freude an den vielen Vergnügungsbooten dort, auf welchen Menschen während der Sommerferien lebten. Einige Boote waren ganz ähnlich gebaut wie unsere Katamarane. Dekker sagte mir, dass sie das Resultat einer Diskussion zwischen Noseworthy und Captain Wermus seien, in welche zum Schluss auch Mr Waterman eingegriffen habe. Es scheint, dass der Captain zu der Zeit eine besondere Vorliebe für niederländische Schiffe mit einem breiten Bug hatte. Er war der Ansicht, dass die amerikanischen Katamarane zu spitze Büge hätten und dass ein steifer Wind diese Büge zu sehr hinunterdrücken würde, wenn Wasser überkäme, und dass dann das Boot sehr schlecht zu steuern sei. Waterman meinte, es sei einfach, ein Boot zu zeichnen, welches die Vorteile beider Schiffe, des amerikanischen und des niederländischen, in sich vereinigen würde, und so setzte er sich gleich daran und beauftragte einen jungen Mitarbeiter, die Pläne dafür zu zeichnen. Das Resultat befriedigte beide Vertreter.

Noseworthy war zweimal in Jilona gewesen. Dekker hatte ihn in Neufundland kennengelernt, als er dort war, um an seinem Buch über die Fischerei zu arbeiten. Zu einem späteren Zeitpunkt hatte Dekker Noseworthys Schoner gechartert, um damit zwei Ladungen Bauholz an die Küste von Grönland zu fahren – an den Ort, an den die Einwohner von Jilona evakuiert werden sollten, wenn das erwartete Unglück geschehen sollte. Während sein Schoner ausgeladen wurde, hatte Noseworthy zweimal mit einem Flugzeug eine Reise nach Jilona unternommen, so wie ich es mit Elmer gemacht hatte.

Wahrscheinlich ist das besagte Boot mehrmals umgebaut worden, und von der Art gibt es jetzt viele hier am Frischwassersee. Dieser See war etwa 50 Kilometer lang, aber kaum mehr als acht oder neun Kilometer breit, und er glich in etwa einem norwegischen Fjord oder einem Loch in Schottland.

Für die Jilonesen war es ein beliebter Ferienort, im Sommer zum Schwimmen und Fischen und im Winter zum Schlittschuhlaufen. Eine grosse Zahl Jungen und Mädchen aus Wijstad verbrachte ihre Ferien aber auch auf Bauernhöfen, wo sie mithalfen, Heu für die Ziegen, die Rinder und die Ponys zu machen. Von den Letzteren gab es hier viele. Allerdings konnte ich nicht erkennen, wozu sie verwendet wurden. Natürlich wurden sie auf den Bauernhöfen eingesetzt, aber hier gab es mehr, als je dafür gebraucht worden wären. Für die Pferdehaare allerdings bestand eine grosse Nachfrage, daraus wurden Matratzen angefertigt, und die Jilonesen wollten keine anderen. Vielleicht lässt sich die Zucht der Ponys damit erklären.

Autos waren schon vor einiger Zeit durch Dekker hier eingeführt worden. Er hatte sie ohne Motor gekauft und dann selber in alle jilonesische elektrische Motoren eingebaut. Ihr erster Verwendungszweck bestand darin, täglich zu den Bauernhöfen zu fahren und dort Fisch zum Verkauf anzubieten. Auch diese Neuerung hatte Dekker eingeführt. Dazu hatte er Bauern und Fischer zusammengerufen und ihnen erklärt, dass es nichts als recht sei, wenn sie sich gegenseitig ihre Produkte abkauften. Durch die neue Einrichtung war es sogar möglich, dass die Bauern jeden Tag nicht nur eingesalzenen, sondern frischen Fisch essen konnten, der täglich in und um Wijstad gefangen wurde durch Fischer, die sich darauf spezialisiert hatten.

Eines Tages begaben wir uns an einen Ort, der hiess Gretna, ganz im Westen der Insel gelegen. Als wir das kleine Dorf zu Gesicht bekamen, sah ich einen Torbogen über der Strasse mit einem grossen, verwitterten Hinweisschild. Darauf waren die Buchstaben gerade noch lesbar: *Willkommen in Gretna.*

Auf dem Weg erzählte mir Dekker die Geschichte dieses Ortes, der erst vor etwa 25 Jahren gegründet worden ist. Er sagte: «Der erste Mann, der sich hier niederliess, ist ein Vetter zweiten Grades meines Vaters, und der kam von einem Bauernhof. Als er erwachsen wurde, musste er sich beruflich entscheiden. Da entschloss er sich, Fischer und Bootsbauer zu werden. In der Folge kam er nach Wijstad und arbeitete längere Zeit mit Mr Waterman zusammen und machte dort gute Fortschritte. Er ist, zusammen mit Waterman, einer der Zeichner und Erbauer der *Zara.*

Aber er war ein schweigsamer und zugleich ein wilder junger Kerl. Ein Grund dafür waren Schwierigkeiten, die er mit den Eltern seiner Freundin hatte. Diese waren Bauern und wollten nicht, dass ihre Tochter einen Fischer zum Mann nahm.

Einmal, als er auf der Jagd war, da kam er in diese Bucht. Damals lebte noch niemand hier. Bald merkte er, dass zu gewissen Jahreszeiten hier Fisch im Überfluss vorhanden war. So zog er hierher und richtete sich ganz allein hier ein. Und da die Eltern seiner Freundin ihn nicht willkommen hiessen, so pflegte er sie nachts an ihrem Fenster zu besuchen. Als er ihr erzählte, was er in der Bucht aufgebaut hatte, da entschied sie sich, mit ihm zu gehen und so den gordischen Knoten zu durchtrennen, den sie sonst nicht lösen konnte.

Für eine gewisse Zeit lebten sie sehr einsam und unsicher dort, aber einmal ging das Mädchen zu einer befreundeten Bauernfamilie und erzählte von ihrer Situation. Zu ihrer Überraschung versprachen die, ihnen zu helfen und ihnen alles zu schicken, dessen sie bedurften; sie sollten alles erst viel später zurückbezahlen. So nahm sie all die Gerätschaften und Lebensmittel auf einem Wagen mit nach Hause. Bald darauf konnten sie sich ein gemütliches Haus bauen und darin gut leben.

Dieses Mädchen hatte natürlich viele Freundinnen im heiratsfähigen Alter. Und wenn eine von ihnen eingebildete oder wirkliche Schwierigkeiten hatte auf dem Weg zur Hochzeit, dann nahm sie den Weg unter die Füsse, wie es die Freundin getan hatte, und kam hierher, um sich niederzulassen.

So wuchs der Ort zu einer kleinen Kolonie. In Wijstad nannten sie ihn ‹Runaway›, ‹Weglaufen›. Die Leute in der neuen Kolonie mochten aber diesen Namen nicht. Sie hatten von Gretna Green an der schottischen Grenze gehört und beschlossen, dem neuen Ort den Namen Gretna zu geben. Eines Tages luden sie ihre Eltern und Freunde ein und bauten den Bogen mit der Inschrift, den Sie gesehen haben. Das löste eine allgemeine Versöhnung aus, und diese Strasse wurde in der Folge gebaut. Heute geht es ihnen gut, der einzige Nachteil besteht darin, dass die westlichen Winde es schwer machen, aus der Bucht auszulaufen. Bei östlichen Winden allerdings ist es hier einfacher als in Wijstad. In der Anfangszeit legten sie all ihren Fisch in Salz ein, heute wird er zum grössten Teil nach Wijstad gefahren und dort verarbeitet.

So gingen wir in das Haus von Dekkers Cousin, wo wir willkommen geheissen wurden. Der älteste Sohn hatte etwa Dekkers Alter und glich ihm sehr. Er war, wie auch sein Vater, ein begabter Bootsbauer und betrieb eine kleine Werft mit einem guten Lager an trockenem Teakholz in einem Schuppen.

Gretna war ein blühender Ort, aber sie mussten hier härter arbeiten als in Wijstad, besonders, da es ihnen an vielen Hilfsmitteln fehlte, die dort eingesetzt wurden. Sie behaupteten, das Klima sei hier viel besser, denn die kalten, östlichen und nordöstlichen Winde kamen nicht bis zu ihnen. Ihre Bucht erstreckte sich von West-Südwest bis Ost-Nordost und war schmal, sie glich einem Fjord. Der ganze Ort gefiel mir sehr.

Während dieser Zeit begann ich mit dem Aufbau einer Pflanzensammlung aus Jilona. Sie war nicht besonders ergiebig, enthielt aber viele Exemplare, deren Namen ich noch nicht kannte, die aber in Dekkers Buch beschrieben waren. Diese Sammlung ging leider vor Sable Island verloren, wie ich Ihnen schon berichtet habe.

Ich glaube, es war am zweiten oder dritten Tag nach Beginn der Herbstfischerei, als Captain Wermus mit der *Zara* wieder einlief. Er hatte eine Ladung Kohle an Bord, die er auf das alte Wrack in der kleinen Bucht umlud. Es war geplant, dass er eine weitere Ladung anlässlich seiner nächsten Fahrt mitbringen sollte.

Die Herbstfischerei unterschied sich von der im Frühjahr. Einmal gab es jetzt keinen Kapelan mehr, und die Köder bestanden aus Tintenfisch, welcher in Stücke geschnitten worden war. Das war eine schmutzige Arbeit, und ich glaube, auch die Fische mochten ihn nicht so gerne wie den Kapelan. Aber die Reusen waren alle draussen gesetzt, und wir fuhren für gewöhnlich mit den Booten der *Butterfly*-Klasse hinaus, um sie zu heben, manchmal einmal, manchmal zweimal am Tag. Das Wetter war nun viel rauer als im Frühjahr, und nach der Tagundnachtgleiche im September war es oft ganz schrecklich. An exponierten Stellen waren die Reusen oft beschädigt. Sie wurden so lange wie möglich draussen belassen, und manchmal enthielten sie grosse Mengen Fisch. Die Schleppnetze waren alle hereingebracht worden, sobald die Herbststürme auftraten, dann liess man auch nur noch die am wenigsten exponierten Reusen draussen. Die Orte, wo man die Reusen setzte, waren den einzelnen Fischern zu Beginn der Saison durch das Los zugeteilt worden, so hatte jeder seinen Teil an harter Arbeit.

Ollie hatte ihr Gewinnspiel gestartet. Es wurde ein grosser Erfolg. Aber die Gewinnerinnen behielten das Geld nicht für sich, sondern gründeten einen Fonds, aus dessen Geld später Neuerungen bezahlt werden sollten. Das erste Mädchen, das einen Preis gewonnen hatte, verzichtete darauf, ihn für sich zu behalten, und spätere Gewinnerinnen folgten ihrem Beispiel.

Es war kurze Zeit nach Ende der Fischsaison, als ich einmal mit dem Captain in seiner Unterkunft sass. Er war von einer weiteren Reise zurückgekehrt und brachte mir Neuigkeiten über Portugal.

Da sagte ich: «Ja, die haben jetzt ihre Republik in Portugal, und Sie alle hier in Jilona, sind Sie eine Republik?»

«Warum denn?», antwortete er, «Was ist denn los, wollen Sie den Gouverneur erschiessen, wie Buiça es tat mit dem König? Wenn dem so ist, dann muss ich Sie sofort daran hindern. Ich mag ein guter Einkäufer sein, aber ich gäbe einen armseligen Gouverneur ab. Ich fürchte, meine Regierung wäre zu sehr auf Krevettenomeletten ausgerichtet. Übrigens bin ich sicher, Dekker würde zum neuen Gouverneur gewählt werden. Was zum Teufel setzt denn diese Idee in Ihren Kopf? Eine Republik? Nein, wir sind ein Vulkan!»

Und da spürte ich wieder denselben Schüttelfrost, den auch Dekker während unserer Reise bei mir ausgelöst hatte. Und ich konnte die Botschaft erkennen, genauso wie bei Dekker, und sie hiess: «Sei kein Narr, sei ein Mann!» Also hatte der Captain auch etwas von dieser Kraft.

Eines Tages ging ich mit Dekker zur Werft. Trotz der herrschenden Kälte waren sie dort früh und spät an der Arbeit. Das neue Schiff war jetzt beinahe fertiggestellt. Die Maschine und der Dampfkessel, welche wir aus Lissabon mitgebracht hatten, waren installiert worden, während das Schiff noch auf dem Trockenen stand. Dies wurde gemacht, weil Waterman fürchtete, Schwierigkeiten mit dem Eis zu bekommen, falls das Schiff nach der Fertigstellung ins Trockendock gebracht werden müsste.

Als ich für einen Moment mit Waterman allein war in seinem kleinen Büro, da wandte er sich an mich und sagte: «Mr Bell, ich wünschte, Sie wären schon früher zu meiner Werft gekommen. Falls diese Insel verschwinden sollte, verschwinden, verschwinden …», wobei er dieses Wort so rasch wiederholte, dass ich ihm fast nicht folgen konnte, «dann wäre ich froh zu wissen, dass sich jemand erinnert und weiss, wie wir hier in Jilona Schiffe gebaut haben.»

Und wieder hatte ich dasselbe Gefühl wie damals, als Dekker mir seine Botschaften gesandt hatte. Und ich verstand Mr Waterman perfekt. Auch er wollte, dass jemand sich mit Wehmut an ihn erinnerte, wenn er nicht mehr da sein sollte, so wie der Captain, als er mir das Buch von Ferrer gab. Ich versprach ihm, jeden Tag zu kommen, und tat das auch über eine lange Zeit. Manchmal half ich in der Werkstatt, aber oft war ich bei Mr Waterman in seinem kleinen Büro, wo er mir all seine Zeichnungen und Pläne erklärte und ihre guten und schlechten Eigenschaften beschrieb.

Bevor jedoch viele Wochen um waren, da rüsteten wir uns zu einer Reise in den Norden der Insel, die wir mit Dekker lange im Voraus schon geplant hatten.

Es geschah, einen oder zwei Tage bevor wir starteten, da erhielt Dekker einen Telefonanruf vom Kapitän der Brigantine, des Schulschiffs. Sie hatte gerade ihre Ladung Bauholz fertig zusammengestellt. Dekker hatte dem Kapitän befohlen, so schnell wie möglich nach Hause zu kommen, jedoch war etwas passiert, das die Abfahrt verzögert hatte. Ein junger Matrose der Brigantine hatte in einem Streit ein Halbblut umgebracht, und der Kapitän fragte an, ob er warten solle, bis er ihn wieder aus dem Gefängnis herausbrächte, oder ohne ihn zurückfahren solle.

Als wir im Studierzimmer sassen und Dekker uns dies erzählte, da sagte ich: «Mr Vasconcellos». Das Wort kam aus mir heraus, als ob jemand anderes in mir es an meiner Stelle ausgesprochen hätte. «Er kann bestimmt etwas ausrichten.»

Dekker begab sich sofort in seinen Raum, vermutlich um Avellar anzurufen. Dieser muss gleich etwas unternommen haben, denn nur ein oder zwei Tage später berichtete der Kapitän der Brigantine, dass der junge Mann freigekommen sei und dass die Mannschaft jetzt gerade daran sei, die Anker zu lichten.

Dann, an einem Abend, fuhren wir mit dem Zug Richtung Frischwassersee. Zu dieser Jahreszeit waren wir die einzigen Passagiere. Dekker steuerte den Wagen selbst und lehrte mich auf diesem Ausflug, damit umzugehen. Die erste Nacht verbrachten wir bei Mrs Grabo. Sie tischte uns ein ausgezeichnetes Abendessen auf und ergänzte unseren Nahrungsmittelvorrat beträchtlich.

Unsere vorgesehene Route sollte uns über eine lange Bergkette führen, von der Steendam-Energiezentrale aus zur kleinen Stadt Nordorp, über eine Luftliniendistanz von etwa 160 Kilometer. Zu Beginn trugen wir ein kleines Zelt mit uns, aber es erwies sich als unhandliche Last beim Tragen. Nachdem es durch den Frost nass und steif geworden war, entledigten wir uns seiner und bauten für jede Nacht eine kleine Unterkunft aus dem Material, das wir gerade vorfanden. Die Tage waren jetzt sehr kurz, aber unsere Augen gewöhnten sich nach ein paar Tagen an die Dunkelheit, und im Schnee war es für uns leicht, einen Weg zu finden. Über eine Distanz von etwa 60 Kilometern war es sehr kalt, ein missliches Wetter, aber allmählich wurde es wärmer, und der Schnee begann unter unseren Füssen zu schmelzen. Wir stiegen steil bergan.

Natürlich erwartete ich, dass es kälter würde, je höher wir kamen. Aber das Gegenteil war der Fall. «Ich glaube, das Wetter schlägt um», sagte ich zu Dekker.

«Nein, das Wetter schlägt nicht um», meinte er, «Sie werden die Erklärung gleich haben.»

Wir stiegen höher und höher hinauf, zuletzt war der Schnee ganz verschwunden. Die ganze Hochebene, über die wir jetzt gingen, war schneefrei. Ein warmer, trockener Wind blies uns ins Gesicht. Wir mussten unsere warmen Kleidungsstücke ausziehen und hatten gleichwohl heiss und schwitzten mitten im arktischen Winter. Jetzt begriff ich: Dies waren die alarmierenden Symptome, wovon Dekker im Treibhaus gesprochen hatte. Die Erdkruste unter der ganzen Insel wurde dünner, und die unterirdische Hitze trat an Orten wie diesem und rund um den Vulkan aus.

Tapferer Dekker! Jetzt begriff ich, womit er da innerlich zu kämpfen hatte und womit er zuerst ganz allein gekämpft hatte. Wie konnte ich ihm da nach-fühlen!

Da spürte ich plötzlich einen starken Schüttelfrost meiner Wirbelsäule entlang hinauf- und hinunter-fliessen, viel stärker, als ich es zuvor gespürt hatte. Worte kamen über meine Lippen, ohne dass ich es wollte, und ich stammelte: «Freund, Freund, Freund». Diese Worte kamen so schnell, dass ich sie nicht kon-trollieren konnte, sie kamen unwillkürlich.

«Ja», sagte er, «Sie sind unser Freund, und jetzt sind Sie ein richtiger Mann.»

Darauf klopften wir uns gegenseitig auf den Rücken, lachten und sprangen herum wie zwei Ver-rückte. Das tat uns wirklich gut. Wir waren froh und es linderte unsere schmerzvollen Gefühle.

Als wir uns wieder beruhigt hatten und wieder vernünftig zu denken begannen, da begriff ich: Die-ser Hamlet wollte, dass Horatio gut über ihn sprach, wenn er einmal nicht mehr da war, gerade wie der Captain und Waterman es wünschten. Ich hatte oft gewünscht, bei den Jilonesen zu bleiben und ihr Schicksal mit ihnen zu teilen, was immer da auch kommen möge: Rettung oder Untergang. Jetzt ver-stand ich, dass das nicht sein sollte und dass meine *raison d'être* aufgehoben würde, wenn ich bliebe.

Obwohl ich mir so sehr wünschte, zu bleiben, verschwendete ich keine Zeit mit Ausreden. Ich ak-zeptierte das Schicksal so, wie es war.

Dekker erklärte nun, dass seine geplanten Vorbe-reitungen jetzt beinahe abgeschlossen seien, und dass er bald eine Versammlung im Treibhaus einberufen werde und dort erklären wolle, was alles vorbereitet worden sei. So würde dann die grosse Mittelhalle nicht mehr für Konzerte Verwendung finden, sondern für eine Zusammenkunft der Bevölkerung, damit sie unterrichtet werden könne, was zu tun sei.

«Zuerst», sagte er, «hatte ich Angst, sie würden mir nicht glauben, alles lächerlich finden. Jetzt aber, nachdem ich so viele ins Vertrauen gezogen habe, habe ich diese Befürchtungen nicht mehr so stark.»

Beim Abstieg nach Nordorp trafen wir auf einen heulenden Sturm aus Nordosten, aber irgendwie kamen wir dennoch voran. Die Jilonesen hatten schon seit langem elektrisch geheizte Mäntel erfunden, aber Dekker meinte, die seien nur für alte Leute, und so hatten wir keine auf diese Expedition mitgenommen. Trotzdem überstanden wir den Sturm und gelangten am vierzehnten Tag seit unserem Aufbruch in Wijstad nach Nordorp.

Abschied

Und jetzt wird es für mich noch härter, zu erzählen, Miss Smith, aber ich muss diesen Bericht schreiben. Bald werde ich von meiner Abreise berichten müssen, wie ich meine lieben Freunde in Jilona zurücklassen musste und doch so gerne bei ihnen geblieben wäre. Aber ich hatte begriffen. Und ich wollte in meiner Aufgabe nicht versagen. Ich würde meinen Mann stellen.

Das Familienleben im Haus des Gouverneurs wurde noch entzückender. Ollie sang oft, und sogar Dekker spielte gelegentlich Musik. Aber ich vermute, für diese zwei war es noch schwieriger, alle Befürchtungen und Sorgen fallen zu lassen, als für den Captain und seine alten Freunde und Kumpane, denn die Verantwortung lastete auf ihnen. Grossvater war wie ein neuer Mann, immer heiter auf seine ruhige, würdige Weise. Und er trug viel dazu bei, dass wir guten Mutes blieben.

Die *Zara* war bald wieder bereit, in See zu stechen, und auf dieser Reise sollte ich mitfahren. Möglicherweise sollte es die letzte normale Fahrt der *Zara* sein. Danach sollte sie sich in Jilona bereithalten, um die Leute zu evakuieren.

Eines Tages sagte Dekker zu mir: «Als Sie damals auf Ihrer Expedition in Grönland waren, da haben

Sie versucht, Geld zu sparen für Ihr weiteres Studium in Deutschland. Ich habe Ihnen diese Pläne durchkreuzt, aber hier haben Sie dafür eine Entschädigung.» Und er händigte mir einen Scheck über 5000 Dollar aus, ausgestellt auf einen Bankier in Schottland.

Ich zögerte, das Geld anzunehmen, und sagte: «Dekker, ich darf das nicht annehmen, ausser Sie können mir ins Gesicht schauen und bestätigen: ‹Dieses Geld wird mir nie fehlen›.»

Da schaute er mich unverwandt an und sagte: «Dieses Geld wird mir nie fehlen. Und ich hoffe, es wird Ihnen bald dienlich sein.»

Als ich eines Abends mit dem Captain allein war, da überreichte auch er mir einen Scheck über denselben Betrag. Da sagte ich: «Dies ist schon der zweite Scheck, den ich erhalte, zusammen ist das viel zu viel. Da muss ich den Gouverneur fragen, ob ich das annehmen darf oder nicht.»

«In Ordnung, Jim», sagte er, «sagen Sie es ihm und lassen Sie ihn entscheiden.»

Also ging ich bald darauf ins Studierzimmer und fragte den Gouverneur: «Mr Storen, ich denke, Sie sind ein guter Gouverneur, und ich möchte, dass Sie da etwas für mich entscheiden. Ich weiss nicht, ob ich diese zwei Schecks annehmen darf.» Ich zeigte ihm die beiden Schecks.

Da bemerkte ich ein Augenzwinkern, als ob die Sache in amüsierte, und er sagte: «In Ordnung, ich will versuchen, eine gerechte Lösung zu finden und dies für Sie zu entscheiden. Diese Schecks sind beide gut gedeckt» – und dann zerriss er sie. «Aber beide, Dekker und der Captain, haben einen Fehler gemacht. Um solch ausländische Schecks auszustellen, müssen Sie sie aus einem Buch in Storens Geschäft nehmen und sie in zweifacher Ausführung ausstellen. Das ist sicherer. Kennen Sie jemanden in den Staaten, dem Sie Vertrauen schenken können, wie mir oder Dekker oder dem Captain?»

Ich nannte ihm meinen Onkel, von dem ich auch Dekker erzählt hatte. «Dem können Sie wirklich vertrauen.»

«Dann sagen Sie Dekker und dem Captain, sie sollen die Schecks im Doppel ausstellen, und dann schicken Sie je ein Exemplar Ihrem Onkel, sobald Sie zu einer Poststelle kommen. Sie dürfen sie annehmen, das ist in Ordnung. Ich weiss nicht, wie weit die beiden Sie in ihr Vertrauen gezogen haben, aber das ändert nichts. Ich weiss, dass es bei Ihnen gut angelegt ist.»

Da war ich froh, dass ich es dem Gouverneur gesagt hatte.

Der Captain kam oft zu uns zum Abendessen, und er war so jovial wie immer. Ich denke sogar, dass er sich um Ollies Willen noch mehr anstrengte, fröhlich zu wirken. Ja, wirklich: Da gab es keine langen Gesichter an unserem Tisch; aber bald tauchte auch da ein Gefühl auf, als ob etwas Düsteres über uns hängen würde. Der Captain tat sein Bestes, davon abzulenken, und dies gelang ihm auch, und es wurde oft gelacht bei unseren Dinnerparties. Mehrere Male war auch Mr Waterman bei uns. Der erzählte uns viele interessante und lehrreiche Geschichten, die ich aber hier nicht wiedergeben kann, sonst würde der Bericht viel zu lang.

So werde ich auch nur wenig über unsere Abfahrt schreiben, als der besagte Tag kam. Nur eines muss ich Ihnen berichten: Dass Ollie an Bord kam und mich zum Abschied auf beide Wangen küsste. Ihr junger Freund stand daneben und fand das ganz in Ordnung – und es war auch in Ordnung.

So fuhren wir Richtung Lissabon los, und das Wetter war auf dem ganzen Weg stürmisch. Aber das machte uns nicht viel aus. Die *Zara* war auch dagegen gewappnet und nahm kaum Wasser über. Captain Wermus hatte seine Vorschriften nicht geändert seit der Beinahekollision in der Mündung des Tejo. Die jungen Matrosen taten, was sie wollten, aber irgendwie taten sie immer zur rechten Zeit das, was richtig war. Wenn ein Kapitän in der glücklichen Situation ist, solch eine Crew mit jungen Kerlen zu haben, dann müsste er ein Narr sein, sich mit ihnen anzulegen. Und so konnte ich nie sehen, dass der Captain eingegriffen hätte, und er verbrachte viel Zeit für sich allein und war dabei ganz zufrieden. Wir hielten uns oft zusammen in seiner Kabine auf. Einmal erhielten wir einen Telefonanruf von Avellar. Er befand sich gerade in der Nähe von Oporto, versicherte uns aber, dass er bei unserer Ankunft in Lissabon sein werde.

Es blies ein starker Wind, als wir den Tejo hinauffuhren. Der Hafenarzt hatte kaum das Schiff verlassen, als ein kleines Boot auftauchte, nur mit einem kleinen Segel ausgerüstet. Avellar sass im Heck, in seinen Mantel gehüllt, und war auch schon bald bei uns an Bord. Als er den Mantel auszog, da erblickten wir wieder seine tadellos weisse Weste. Er blieb für das Mittagessen, aber irgendwie wollte die Fröhlichkeit diesmal nicht recht aufkommen. Zum ersten Mal sah ich den Captain niedergeschlagen. Ich denke, wir alle drei dachten an das letzte Mal, als wir hier waren und Ollie bei uns hatten. Wie wir damals doch alle glücklich waren, oder mindestens so taten als ob. Und das alles für Ollie. Aber diesmal war Ollie nicht dabei.

Avellar war es, der am Ball blieb, so gut er konnte. Am Ende fragte er den Captain: «Denken Sie, Sie können mit dem Auslad heute noch beginnen?»

Es war Samstag, und der Captain wusste, dass er es nicht vor Montagmorgen durfte. Also gingen wir gemeinsam mit Avellar, der uns seinen Steinbruch zeigen wollte, an Land. Zuerst ging Avellar für kurze Zeit ins Büro des Hafenmeisters, wo er nach Baptista suchte, seinem Leiter des Steinbruchs. Wir konnten ihn auftreiben und fanden dann alle Platz in seinem Wagen. Er trug eine grosse, schwere Tasche mit Geld bei sich, um seinen Arbeitern den Wochenlohn auszubezahlen.

Der Ort lag im Norden ausserhalb der Stadtmauern von Lissabon, und wir kamen bald dort an. Nach einem kurzen Blick über den grossen Platz betraten wir eine weite Halle, welche üblicherweise als Kantine für die Arbeiter verwendet wurde, wo viele von ihnen für gewöhnlich ihr Essen einnahmen. Baptista setzte sich an einen Tisch, breitete ein Buch vor sich aus und nahm das Geld aus seiner Tasche. Es war alles bereits abgezählt in gelben Briefumschlägen, alle mit Namen angeschrieben.

Die Arbeiter waren alle auf das Zeichen der Glocke hin gekommen. Nachdem sie ihren Lohn erhalten hatten, nahmen sie an den Tischen Platz. Als auch der Letzte bezahlt worden war, bestellte Avellar für alle einen Drink und hielt ihnen eine gute Rede. Ich konnte sehen, dass er hier so beliebt war wie überall sonst auch.

Nachdem sie einen zweiten Drink bestellt hatten, da ermahnte er sie, ihre Frauen und Kinder zu Hause nicht zu vergessen und ihnen etwas als Geschenk zu bringen, «denn», so sagte er, «eine kleine Aufmerksamkeit solcher Art wird mehr geschätzt, als Sie denken. Und wenn Sie sie zudem noch morgen auf einen Spaziergang mitnehmen, dann werden sie alle für eine Woche glücklich sein, und Sie selber werden sich dabei umso wohler fühlen.»

Es war eine freundliche Aufmerksamkeit von Avellar, uns dorthin mitzunehmen. Er wusste, was uns bevorstand und dass eine kleine Ablenkung uns unsere Sorgen vergessen liesse, wenigstens für ein paar Augenblicke.

Am Abend gingen wir uns einen Schwank ansehen in einem der Theater. Er handelte von der Revolution. Im ersten Akt wurden viele Schüsse abgegeben, und ein junger Mann, der sich von der gefährlichen Strasse in Sicherheit bringen wollte, kletterte auf eine Telegraphenstange. Als er fast oben angelangt war, sah er ein Mädchen in einem Fenster und es entspann sich ein Gespräch. Da fragte der junge Mann: «Was haben Sie getan, als ich kam?» Sie war nämlich gerade daran gewesen, ihre schwarzen Schuhe zu wichsen, wie wir gesehen hatten, aber sie schämte sich einer solchen Arbeit und gab zur Antwort: «Oh, ich male gelegentlich etwas.» So ging die Revolution auf spassige Art und Weise vorüber, und die Witze hielten die Zuschauer dauernd bei guter Laune.

Den nächsten Tag verbrachten wir ganz ruhig bei Avellar. Wir hielten uns meistens in seiner Bibliothek auf, und er begleitete uns zum Dinner auf die *Zara*. Irgendwie zögerten wir die Abfahrt hinaus, wie waren wie zusammengeschweisst durch die Erinnerung an das, was wir in früheren Zeiten erlebt hatten.

Am Morgen kam Avellars Sohn mit seiner Frau vorbei. Ich wurde ihnen vorgestellt, und sie kamen am Abend auch an Bord. Er hatte nicht die gleiche, joviale Veranlagung wie sein Vater, sondern war ein seriöser junger Mann mit einer ernsthaften, beflissenen Gesinnung. Er war Maschineningenieur und arbeitete in einem grossen Industriewerk in Lissabon. Sein Lohn war zurzeit gering, aber seine Zukunft gesichert, falls er sich entschliessen würde, an diesem Ort zu bleiben.

Den Rest des Berichts diktiere ich Ihnen, Miss Smith, direkt in die Maschine.

Aber jetzt, meine liebe Miss Smith, wird es für mich noch schwerer, zu erzählen. Aber ich muss diesen Bericht abgeben, es gibt sonst niemanden, der es tun könnte. Kommen Sie also zum Lunch mit mir und lassen Sie sich nicht stören durch meinen etwas schäbigen Mantel. Ich habe immer noch ein paar Dollar übrig, so dass wir ein gutes Restaurant wählen können. Ihre Wangen sehen jetzt blasser aus als damals, als ich Sie zum ersten Mal sah, da sahen sie aus wie die von Ollie, aber mit all diesen Diktaten und dieser strengen Arbeit haben sie an Farbe verloren. Wenn meine Schecks gedeckt sind, dann werden wir versuchen, bald wieder Farbe hineinzubringen. Mein Onkel hat dem Banker in Lissabon geschrieben, und wir werden bald die Gewissheit haben, aber ich ahne schon, dass sie gedeckt sind. Dekker würde mich nie hintergehen und mir einen ungültigen Scheck geben, auch der Captain nicht. So, sind Sie bereit für das Diktat?

Der Captain benötigte etwas über eine Woche, um alles mit seiner Ladung zu erledigen, und da waren wir, Avellar, der Captain und ich, die meiste Zeit beisammen. Das letzte Nachtessen, das wir gemeinsam einnahmen, war an Bord der *Zara*. Es herrschte keine Beerdigungsstimmung, im Gegensatz zu dem, was ich erwartet hatte. Avellar hielt eine Rede und sagte, es sei jetzt keine Zeit für Sentimentalitäten, sondern für Pflichten. Er hielt wirklich eine gute Ansprache, und er hauchte uns neuen Lebensgeist ein.

Darauf hielt auch der Captain eine Rede und sagte: «Und jetzt, Jim, muss ich einer angenehmen Verpflichtung nachkommen, und ich hoffe, auch Sie würden sich freuen, dies zu hören. Erinnern Sie sich, wie ich gesagt habe, wir würden ein Schiff auf Ihren Namen taufen, wenn Sie einmal ein berühmter Botaniker seien? Nun: Sie werden eines auf Ihren Namen kriegen, sogar bevor Sie noch diese Ehre erlangen. Das neue Schiff soll den Namen *Jimmy Bell* tragen. Dekker hat mich beauftragt, Ihnen dies mitzuteilen.»

Ich war überglücklich, dies zu hören. So verlief der Abend vergnüglich, und nachdem Avellar weggegangen war, da setzte ich mich an den Tisch und schrieb Briefe an meine Freunde in Jilona. Avellar sollte am nächsten Tag wieder an Bord kommen, und ich würde dann zu ihm in sein Haus ziehen.

Der Tag kam. Ich schüttelte all den jungen Matrosen und der Köchin die Hand.

Das Schiff lief schon fast aus, als der Captain meine Hände nahm und sagte: «Ich weiss, Sie werden uns nicht vergessen und unser Freund bleiben. Es freut mich, dass das neue Schiff Ihren Namen trägt; es macht nichts, dass sie Kohle verbrennt, wirklich nichts.»

Und so trennten wir uns. Die letzte Verbindung zwischen mir und den Jilonesen war abgebrochen. Ich hatte zwar noch mein Telefon, so wie Avellar, aber uns bewegte mehr, als damit besprochen werden konnte. Ich erinnerte mich an ein Wort, welches Dekker auf unserer Expedition in die Berge gesagt hatte. Ich hatte ihn gefragt, ob die Telefone noch arbeiten würden, wenn das Elektrizitätswerk in Steendam einmal zerstört wäre.

Er sagte: «Sogar wenn Steendam untergeht und die Telefone in der Folge nicht mehr arbeiten, dann werden wir zwei immer noch unsere Telefone haben.»

Ich verstand nicht und fragte ihn: «Wie denn?»

Und er antwortete: «Stellen Sie die innere Uhr auf unsere Zeit um und konzentrieren Sie sich stark.» Und dabei schweifte sein Blick in die Ferne, als wäre er in einem Traum.

Und ich fragte noch einmal: «Und was, wenn ich keine Antwort erhalte?»

«Konzentrieren Sie sich stärker.»

Da konnte ich seine Botschaft wieder deutlich spüren, und wieder lief dieses Gefühl meiner Wirbelsäule entlang hinauf und hinunter; auch jetzt wieder, wenn ich nur daran denke. Ich hatte es nicht mehr

nötig, ihn zu fragen, was er mit ‹die Uhr umstellen›
meinte. Jetzt wusste ich es: Er meinte damit, ich sollte
mich an seine Stelle und in seine Tageszeit in Jilona
versetzen, wenn ich die Antwort auf eine Botschaft
wünschte, und so könnte ich ihn erreichen, wenn er
nicht allzu beschäftigt oder gerade am Schlafen wäre.
Oh ja, ich wusste nun genau, was er meinte. Aber
trotz all der Beweise dafür, die ich schon erhalten
hatte, hatte ich da immer noch meine Zweifel.

Allein weiter

Ich kann meine Gefühle nicht beschreiben, als ich danach in Avellars Haus zurückkehrte. Mir war zum Weinen zumute.

Avellar störte mich für eine Weile nicht, aber dann sprach er mich als Freund an, und das war er: «Erinnern Sie sich daran, was ich Ihnen über die Pflicht gesagt habe? Je härter sie ist, desto mehr werden Sie befriedigt sein, sie ohne Murren getan zu haben. Schauen Sie sich Dekker an! Verliert er etwa Zeit damit, sein Schicksal zu beklagen? Ich möchte Sie zwar nicht bald loswerden, aber Handeln ist jetzt für Sie das Beste, was Sie tun können. Morgen können wir nach einem Dampfer für Sie suchen, es ist möglich, dass bald einer direkt Richtung der Vereinigten Staaten wegfährt, aber das geschieht nicht so oft. Vielleicht ist es das Beste, Sie nehmen einen der *Royal Mail* nach Liverpool, von dort haben Sie dann jede Woche oder noch öfter ein Schiff nach Hause.

Und vergessen Sie nicht: Sie haben einen Freund in Lissabon, einen, der seine Freunde nicht vergisst. Ich bin zwar nicht vermögend, aber ich bin nicht ohne Einfluss. Sie haben vielleicht schon bemerkt, dass Dekker mir vertraut und mir eine Vollmacht für alle Verhandlungen im Auftrag der Jilonesen gegeben hat, für den Fall, dass die Katastrophe eintreten sollte, bevor alle in Sicherheit sind. Aber ich hege immer noch Hoffnung. Allerdings weiss ich, dass Dekker kein Spinner ist. Er hat gewiss Kräfte, die uns übernatürlich erscheinen mögen. Es könnte eine Zeit kommen, in der wir rasch handeln müssen, also halten Sie sich selbst fit und stark wie der Jim Bell, der Sie waren, als Sie das letzte Mal hier waren.»

Da beichtete ich ihm etwas von meinen Gefühlen und Befürchtungen, die ich während unseres Ausflugs zur Apple Beach gehabt hatte. Dabei beobachtete ich, dass Avellar zu Hause ein zurückhaltender, abstinenter Mann war. Er trank gewiss nicht viel Wein zu seinen Mahlzeiten, und er arbeitete viele Stunden täglich.

Wir fanden heraus, dass für mich der beste Weg, in die Staaten zu gelangen, darin bestand, die *Royal Mail* nach Liverpool zu nehmen. Also buchte ich kurzerhand eine Reise auf der *SS Araguaya* und verabschiedete mich bald darauf von meinem Freund Avellar. Er blieb bei mir an Bord bis zum letzten Augenblick.

Es war ein harter Abschied. Meine ganze kleine Welt des vergangenen Jahres brach zusammen wie Sägemehl unter meinen Füssen. Aber ich gab mir alle Mühe, mir nichts anmerken zu lassen. Wie weit es mir allerdings äusserlich gelang, kann ich nicht sagen. Ich weiss nur, wie ich mich innerlich fühlte, und das war sehr, sehr schlecht. In der Nacht fand ich keine Ruhe, Visionen schreckhafter Szenen jagten meine Träume, und ich erwachte jeweils mit einer realen, schmerzhaften Angst um die lieben Jilonesen, die mir mein Herz zusammenzog wie mit einer eisernen Zange.

Die übrigen Passagiere liessen mich weitgehend in Ruhe. Für sie war ich ein Neuankömmling an Bord, sie waren schon zusammen aus Brasilien oder Argentinien hergereist und hatten sich unterdessen gut kennengelernt. Nach einem kurzen Zwischenhalt in Cherbourg (Frankreich) fuhren wir Richtung Liverpool.

In Liverpool fand ich bald ein Schiff Richtung Westen: Es war die *Lorania*, und ich beschloss, damit zu reisen. Was mit der vor Sable Island geschah, das habe ich zu Beginn dieses Berichtes geschrieben. Alle Passagiere wurden gerettet, aber das Schiff ging unter. Für ein paar Wochen musste ich auf der Insel warten und fuhr dann bei Gelegenheit weiter in die Staaten. Für eine gewisse Zeit konnte ich mich nicht entscheiden, was als Nächstes zu tun sei. Aber ich suchte meinen Onkel auf, um ihm kurz zu berichten, was mit mir geschehen war, seit ich ihn zum letzten Mal gesehen hatte.

Dann geschah es eines Nachts. Ich war schon früh in mein Zimmer zurückgekehrt und war bereit, mich zurückzuziehen, als ich mein Telefon klingeln hörte. Als ich es abnahm, da wusste ich sofort: Etwas geschah. Ich konnte es am ganzen Körper fühlen.

Ich hörte klar Dekkers Stimme sagen: «Das Ende kommt, Jim, und es kommt schlimmer, als ich es erwartet habe.»

Und dann kam nichts mehr. Das Telefon funktionierte nicht mehr, das Licht brannte nicht mehr, wenn ich versuchte, es anzuzünden. Ich versuchte, Dekker wieder und wieder zurückzurufen, aber da kam keine Antwort. Ein Schauer lief mir über den Rücken, der Wirbelsäule entlang, hinauf und hinunter, schlimmer noch als das letzte Mal, als ich mit Dekker im Norden von Jilona war. Ich fühlte mich schwach und erschöpft, todkrank, und so lag ich nur auf meinem Bett.

Was danach geschah, daran kann ich mich kaum mehr erinnern. Ich weiss nur noch dies: Als ich wieder zu mir kam, was mir wie eine lange Zeit erschien, da erblickte ich Sie, Miss Smith. Zuerst dachte ich, es sei Ollie, aber nach und nach erkannte ich Sie wieder als meines Onkels Sekretärin. Ihre Wangen glichen damals denen Ollies, und ich beschloss, ganz heimlich, sie eines Tages zu küssen, und das werde ich! Aber Sie wissen, wie lange es gedauert hat, bis ich über den Berg war. Der Arzt tat sein Bestmögliches, aber was konnte er schon wissen von meiner Krankheit?

Sobald ich mich wieder kräftig genug fühlte, entschloss ich mich, in Neufundland nach Noseworthy zu suchen, und zu sehen, was wir gemeinsam tun könnten. Ich fuhr Richtung Sydney in Nova Scotia aus und nahm die *Kyle* nach Port aux Basques. Es war Ende Mai, aber auf der Reid Newfoundland Company blieben wir wegen Schnee für einen Tag oder länger in Kitty's Brook stecken. Die Verzögerung und die Probleme waren meiner Gesundheit nicht gerade förderlich, das können Sie mir glauben. In Brigus Junction gab es eine weitere Verzögerung, aber endlich kam ich in Harbour Grace an und fand dort im Lager Dekkers Freund Noseworthy.

Es war, als kennten wir uns schon lange. Eine der ersten Fragen, die er an mich richtete, lautete: «Was haben Sie als Letztes gehört?»

Ich berichtete es ihm, und auch, wie krank ich seither war.

«Was dies angeht», sagte er, «schauen Sie mich an: nur noch Haut und Knochen! Ich habe früher über hundert Kilo gewogen. Meine Frau glaubt, ich sei krank, und manche Leute denken, ich sei verrückt. Sogar jetzt kann ich Sie nicht nach Hause zu meiner Frau bringen. Aber wir können zu meinem Onkel gehen, der drüben auf der andern Seite der Bucht wohnt. Und dieser Onkel hat sicher ein Fässchen Rum, und ein kleiner Drink kann uns nicht schaden. Und ich kann meine Hummerfallen noch auf dem Rückweg leeren.» Und dann fragte er mich: «Hat Ihnen Dekker auch das grosse Schaudern gegeben?»

Ich wusste sofort, was er damit meinte. Ich hatte dieses Gefühl nie als Schaudern bezeichnet, aber es beschrieb es so treffend, dass ich mich wunderte, nicht selber daran gedacht zu haben.

Wir nahmen ein Boot, das uns auf die andere Seite der Bucht brachte.

Noseworthy erzählte mir von seinem Onkel: «Dort können wir ungestört reden, die denken höchstens, wir seien verrückt, und verstehen nichts, aber das macht nichts. Ich kann hier sonst mit niemandem über Jilona sprechen.»

Als wir uns in der Küche des Onkels setzten, fragte ich: «Was haben Sie unternommen, nachdem es geschehen ist? Waren Sie auch krank?»

«Ich war nicht wirklich krank», sagte er, «aber es hat mich bedrückt. Ich hatte dieses Schaudern über den ganzen Körper. Aber Sie müssen nicht denken, ich hätte die ganze Zeit über nur hier untätig herumgesessen. Als es geschah, da habe ich versucht, genug

Kredit zu bekommen, um meinen Schoner auszurüsten, und damit nach Labrador zu fahren. Sie wissen ja, wie das so ist mit den Händlern: Die wollen immer den grössten Anteil am Profit für sich selber. Also habe ich versucht, von der Bank, wo mein Bruder als kaufmännischer Angestellter arbeitet, Geld zu bekommen. Ich habe ein Darlehen erhalten und liess es von allen meinen Brüdern und Schwestern unterschreiben und erhielt so 800 Dollar. All ihre Ersparnisse gingen aber mit dem Schoner des Onkels drauf. Er ging nämlich unter, letztes Jahr in Trickle Harbor, und so konnten sie mir kein Geld leihen.

Aber als das geschah, da dachte ich an den Jilonesen in den Teakwäldern von Timor. Ich kannte ihn nicht, hatte jedoch seine Tochter getroffen, als sie auf der Brigantine zu ihm fuhr. Ich dachte, dass sie sich zu Tode sorgen müssten, da sie ja nicht wussten, wie sie von dort wegkommen sollten, und wahrscheinlich kein Geld hatten. Sie müssen die gleichen Nachrichten bekommen haben wie wir. Sie, Mr Bell, haben eine Botschaft von Dekker erhalten, ich hatte einen Anruf des Captains, und auch sie müssen zuletzt noch etwas gehört haben.

Dann habe ich ausgerechnet, wie viel die Überfahrt kosten würde. *Pacific*: Die dritte Klasse war nur für Asiaten reserviert, also hatte ich zweite zu reisen, und möglicherweise müsste ich ihre Rückreise irgendwohin auch bezahlen. So ging ich also zur Bank mit meinem Papier mit den acht Namen drauf von meinen Brüdern und Schwestern. Der Manager war diesmal bei guter Stimmung und sagte: ‹Machen Sie sich nicht lächerlich, Ihr Name ist uns dafür gut genug.›

Und so erhielt ich das Geld und machte mich auf die Reise. Unterwegs gab ich möglichst wenig aus. Nach einer Weile fand ich den Ort, aber hören Sie sich dies an: Sie waren gegangen! Er hatte sich ein kleines Schiff gebaut oder ein altes zurechtgeflickt, das habe ich nicht recht herausgefunden. Aber sie waren weg. Im Haus, wo sie gelebt hatten, fand ich ein paar alte Kleider, die nichts mehr taugten, darunter aber auch ein Kleidchen für ein kleines Baby. Sie hatten also ein kleines Kind! Jetzt wusste ich, dass sie überleben würden. Kann sein, dass er von mir etwas gehört hat. Kann sein, dass sie versuchen, hierher zu kommen. Irgendwie kann ich mir nicht vorstellen, dass sie verlorengegangen sind. Aber ich kann nicht verstehen, weshalb Dekker ihnen nicht befohlen hat, heimzukehren.»

Ich erzählte ihm darauf die Geschichte von dem Mann, der nach einem Streit festgehalten worden war, als die Brigantine zum letzten Mal dort war, und er meinte auch, dass es damit etwas zu tun haben könnte. Auf jeden Fall waren diese Familie nebst zwei oder drei Jilonesen an der Küste von Grönland die einzigen Überlebenden. Darüber waren wir uns einig.

Darauf fragte ich ihn: «Dann haben Sie also kein Geld mehr, um Ihren Schoner auszurüsten?»

«Ich habe nur das Papier mit den acht Unterschriften, aber zurzeit habe ich nicht das Gefühl, dass ich es brauchen würde. Ich wünschte, wir hätten einen gewieften Händler wie den Captain, der wäre hier sehr nützlich.»

Darauf erzählte ich ihm von meinen beiden Schecks und bot ihm an, ihm davon etwas Geld zu leihen, vorausgesetzt, dass sie gedeckt seien und ich sie ausbezahlt bekommen würde.

Er aber mochte diese Idee nicht. Zum Schluss sagte er: «Gut, wenn Sie es als sicher genug betrachten, dann könnten Sie sich an meinem Schoner für eine Fahrt nach Labrador beteiligen, oder selber mitfahren, dann wären wir Partner.»

Während dieses Gesprächs hatten wir allmählich etwas vom Rum des Onkels geschlürft, als er aber ansetzte, mein Glas wieder zu füllen, da wurde ich mir meines geschwächten Zustandes bewusst und erinnerte mich an die Worte des Captains über das Masshalten. So drehte ich mein Glas um und erzählte Noseworthy von meinem Missgeschick in Madeira und von der Unterweisung des Captains.

«Der hatte recht», sagte er, «wir haben schon genug Probleme und müssen nicht noch eins mehr mit an Bord nehmen», und auch er drehte sein Glas um.

Dem Onkel oder seiner Frau hatten wir nicht die geringste Beachtung geschenkt, und sie ihrerseits hatten sich nicht bemüht, uns nach dem ersten Händedruck auf irgendeine Weise zu unterhalten. Irgendwie fühlten wir uns, als kämen wir von einer andern Welt und sprächen über etwas, das sie nicht verstehen konnten.

Es war schon spät, als ich mit Noseworthy zu einer kleinen Bucht hinunterging und ihm etwas mit seinen Hummerfallen half. Die Nacht verbrachte ich in einem Gasthaus des Ortes, aber schon früh am Morgen war Noseworthy wieder da. Wir gingen gleich wieder zu seinem Onkel.

«Es stört Sie doch nicht, Onkel, wenn wir wiederkommen und noch ein wenig reden?»

«Es ist ganz in Ordnung, mein Junge, macht nur.»

Und ich hatte noch viel zu berichten und hatte am Abend noch überlegt, was wir tun könnten. So begann ich: «Jemand muss das alles niederschreiben. Und wir sind nur unserer zwei, die davon etwas wissen. Wer also soll das jetzt tun, Sie oder ich?»

Er mochte das Schreiben nicht. «Schauen Sie meine Hände an», sagte er, «die taugten nie recht zum Schreiben. Wenn ich nur schon meinen Namen niederschreiben soll, dann beginnen sie zu schwitzen, denn für mich ist das harte Arbeit. Aber wenn Sie es nicht tun, dann muss ich es tun, allerdings wünschte ich, es wäre andersrum. Sowieso könnten Sie diese Arbeit bestimmt viel besser tun als ich.»

Das überzeugte mich. Dann erzählte ich ihm von Lissabon und von Avellar. Das Telefon, das wussten wir, war zu nichts mehr nütze. Aber ich konnte ihm schreiben. Und wenn meine Schecks gedeckt waren, dann könnte ich zu ihm reisen und ihn treffen, und wir könnten in Kürze zusammenarbeiten. Und so sassen wir den ganzen Tag über zusammen in des Onkels Haus und unterbrachen unser Gespräch nur, als die Tante uns etwas zum Essen brachte. Weder sie noch ihr Mann bedrängten uns mit Fragen.

Noseworthy erzählte mir von seinem Aufenthalt in Jilona, und ich berichtete ihm etwa dasselbe, was ich hier in diesem Bericht niedergeschrieben habe. Zuletzt hatten wir uns nichts mehr zu sagen. Ich machte ihm erneut mein Angebot, ihm Geld zu geben.

Aber Noseworty lehnte wiederum ab und sagte: «Ich nehme nur Geld an, wenn es geliehen ist und ich es sicher zurückgeben kann. Nehmen Sie es mir nicht übel, aber ich werde das schon allein schaffen. Aber sobald Sie Neuigkeiten haben, schreiben Sie mir doch sofort, und wenn ich irgendetwas für Sie tun kann, dann können Sie auf mich zählen. Sie sehen jetzt, wie ich dran bin. Ich kann mich mit meinem Schoner recht gut durchbringen. Sie schreiben Avellar und klären ab, was wir tun können. Auf alle Fälle gibt es da ein paar Jilonesen, die übriggeblieben sind, und denen können wir helfen. Für die andern auf der Insel habe ich jegliche Hoffnung aufgegeben. Haben Sie die Messungen der Seismographen gesehen?»

Ich wusste nichts davon, und er zeigte mir ein paar davon, die er aus den Tageszeitungen ausgeschnitten hatte. Sie stimmten alle miteinander überein, was das Datum und den Ort der Katastrophe betraf. Da gab es keinen Zweifel mehr.

Wir waren die besten Freunde, als wir uns trennten. Gewiss, er war ein kantiger, aber ehrlicher Mensch. Auch hier konnte ich wiederum sehen, wie Dekker dem rechten Mann vertraut hatte. Er war kein gelehrter Mann, aber in keiner Weise dumm.

Einmal fragte er mich: «Sind Sie nun wirklich ein Deserteur, oder was war da eigentlich los?»

Und ich erklärte es ihm.

Darauf meinte er: «Ich hatte da ein paar Probleme, die Telegramme herauszulassen, mein Bruder auf der Bank musste mir dabei helfen. Aber später hat er gesehen, dass es geholfen hat, denn ich habe hier einen Artikel, welcher richtigstellt, was vorher behauptet worden war.»

Ich aber hatte unterdessen jegliches Interesse an dieser unsinnigen Verleumdung verloren.

Hochachtungsvoll,

James Bell

Und jetzt, meine liebe Miss Smith, glaube ich, ich habe nichts vergessen, und dieser Bericht ist beendet. Und Sie haben all die harte Arbeit getan, ihn niederzuschreiben. So wollen wir jetzt Essen gehen, und es soll Sie nicht stören, wenn mein Mantel etwas schäbig aussieht! Bald kann ich mir einen neuen leisten, denn mein Onkel hat eine Antwort erhalten vom Bankier in Schottland, und meine Schecks sind gedeckt. Kümmern Sie sich nicht weiter um die Korrekturen, geben Sie mir den Bericht zur Unterschrift und lassen Sie ihn dann einfach so hinausgehen.

B.P. 130-**Madeira**. *Costume campestre.*   *Registado*

Postkarte, die Maurice aus Madeira gesendet hat. 1912.

Ausschnitt aus einem alten Atlas aus dem Anker-Haus in Ins.

Weitere Titel im Verlag Johannes Petri

Michael Düblin

Der kalte Saphir
Roman

2016. 340 Seiten. Gebunden.
ISBN: 978-3-03784-098-6

Warum musste Jerome sterben?
Nach Jahrzehnten des Schweigens gibt Sebastian Winter, einst
Tontechniker der legendären Band *Klarstein*, 2015 erstmals ein
Interview. Jule Sommer, gefeierte Nachwuchsjournalistin des
Musikmagazins *Schall*, hat die einmalige Chance, aus erster Hand
zu erfahren, was sich damals in der «Kommune des Schreckens»
tatsächlich abgespielt hat.

Im Berlin der späten 1970er Jahre war die Band um den
charismatischen Sänger Jerome aus dem Nichts kommend
kometenhaft aufgestiegen. Nachdem die erste Platte und vor
allem die Single *Sommer* die Charts gestürmt hatten, schien
den Erfolg nichts mehr aufhalten zu können. Bis zu jener
katastrophalen Neujahrsnacht, an deren Ende Jerome erschossen
im Tonstudio lag und *Klarstein* aufgehört hat zu existieren.

Sebastian Winter will reden, doch was hat er zu erzählen – und
was bezweckt er damit? Je weiter er die Reporterin in die
Vergangenheit mitnimmt, desto beklemmender empfindet diese
das Gespräch: Führt sie ein Interview oder nimmt sie eine
Beichte ab; hat sie es mit einem Zeugen oder einem Mörder
zu tun? Und was bedeutet das für sie selbst? Weiss Winter gar
von ihrem geheimen Auftrag?

Weitere Titel im Verlag Johannes Petri

Myrtha Kuni

Septemberträume
Dorfgeschichte(n) von anno 1920

2015. 240 Seiten. Gebunden.
ISBN 978-3-03784-069-6

Arisdörfer Dorfleben in den zwanziger Jahren

«Septemberträume» versteht es meisterhaft, die Leser in die Zeit der 1920er Jahre in der ländlichen Schweiz zu entführen. Die Geschichte handelt von zwei jungen Bauern und ihrer Freundschaft, von Fritz, der das Kunstschaffen entdeckt, und von Albert und seiner Liebe zu Barbara, die durch die standesgeprägten Forderungen der Familien verunmöglicht wird.

Der Roman erzählt von einer kurzen Zeit des Aufbruchs und Aufbegehrens im engen dörflichen Umfeld. Glück und Schmerz, Traditionsglaube und Freiheitsdrang zeigt die Autorin in dichtem Wechselspiel. Myrtha Kuni entwickelt in geschickt verwobenen Strängen eine Arisdorfer Geschichte, die auf tatsächlichen Begebenheiten beruht.

Weitere Titel im Verlag Johannes Petri

Hansjörg Roth

Das Buch Kain
Roman

2015. 321 Seiten. Gebunden.
ISBN 978-3-03784-064-1

**Kain und Abel. Die ersten Brüder. Die ersten Feinde.
Der erste Mord.**
Eine Parabel vom Guten und Bösen im Menschen, erzählt vor
dreitausend Jahren, irgendwo im Nahen Osten, überliefert bis
in unsere Zeit.

Doch war die Geschichte je so recht nachvollziehbar: der
neidische Kain, der farblose Abel, ihr wahnhafter, im Grunde
unbegreiflicher Streit? Der biblische Bericht ist knapp und
lückenhaft.

Der Talmud und andere rabbinische Schriften hingegen
enthalten zahlreiche weitere Erzählungen. Sie beleuchten Kains
Geschichte aus einem anderen Blickwinkel und ergänzen, was
in der Bibel fehlt.

Der vorliegende Roman vereinigt diese Quellen und erzählt,
wie Kain die Dinge selber sah.

Was gab wirklich den Anstoss zu der Tat an seinem Bruder?
Warum verleugnete Adam ihn, den Erstgeborenen? Und wer
war dieser Gott, der von Anfang an alles wusste?

Fragen, die alle um den Garten Eden kreisen: Was war dort
geschehen, in den Tagen der Schöpfung – und danach?
Während Kain ruhelos über die Erde wandert, kommt er
dem Geheimnis Schritt für Schritt näher …

Nicolas Ryhiner

Splendid Palace
Roman

2013. 298 Seiten. Gebunden.
ISBN 978-3-03784-031-3

Erzählt wird die Geschichte von Virginio, dem Kofferträger, der seine gesamte Lebensspanne im Splendid Palace verbringt, einem Berghotel in den Schweizer Alpen. Obwohl er da geboren wurde und das Oberländer Tal bis zu seinem Tod nie verlässt, ist er gleichwohl allen, sowohl der Belegschaft und den Gästen, wie auch den Dorfbewohnern fremd geblieben. Er verrichtet seine Arbeit, ohne Spuren zu hinterlassen. Seine Welt liegt im Hintergrund, im Dazwischen, wo keiner ihn bemerkt.

Virginio hat die Fähigkeit, die Dinge zu sehen, wie sie wirklich sind, und er träumt das Leben. Er kann Menschen lesen, wie andere Bücher lesen, und zwischen den Zeilen findet er die ganze Welt. Die Gäste kommen und gehen; Virginio bleibt. Er schreibt an der Geschichte des Zwanzigsten Jahrhunderts mit – nur, dass er nicht wie die Großen die Welt regiert. Jedenfalls nicht jene, die in den Büchern vorkommt.

Weitere Titel im Verlag Johannes Petri

Werner Adams

«Ich war nie, wie ich hätte sein sollen.» Ein Lebensschicksal aus den Anfängen der Psychiatrie

Roman nach Krankenakten aus der Heil- und Pflegeanstalt Illenau.

2012. 234 Seiten. Gebunden.
ISBN 978-3-03784-019-1

Kurz vor Weihnachten 1851 wird Daniel Müller in die Heil- und Pflegeanstalt Illenau eingeliefert. Der 34-jährige Vater von vier Kindern hofft, dort von seinen übersteigerten Schuld- gefühlen, seinen Panikattacken und Wahnvorstellungen geheilt zu werden. Er wird die Anstalt nie mehr verlassen.

Wie hat es so weit kommen können? Der Autor, ein Nachfahre Daniel Müllers, hat die in Archiven vollständig erhaltenen Patientenakten und Briefe seines Ururgrossvaters sorgfältig ausgewertet. Lebendig, eindringlich und dennoch behutsam lässt er dessen Leben aus den historischen Dokumenten auferstehen.

Werner Adams, 1944 in Zürich geboren, gelingt mit seinem Roman ein authentisches Zeugnis eines tragischen Einzel- schicksals in einer Gesellschaft, in der Andersartigkeit keinen Platz findet. Gleichzeitig gibt er einen differenzierten Einblick in den Alltag einer wegweisenden psychiatrischen Klinik zur Mitte des 19. Jahrhunderts.

Der Verlag Johannes Petri ist ein Imprint des Druck- und Verlagshauses Schwabe, dessen Geschichte bis in die Anfänge der Buchdruckerkunst zurückreicht. Im Jahre 1488 gründete Johannes Petri, der das Druckerhandwerk in Mainz zur Zeit Gutenbergs erlernt hatte, in Basel ein eigenes Unternehmen, aus dem das heutige Medienhaus Schwabe hervorgegangen ist. Mit der ausdrücklichen Bezugnahme auf unseren Firmengründer knüpft der Verlag Johannes Petri an die lange Tradition des Mutterhauses an und bürgt für die von Generation zu Generation weitergegebene Erfahrung im Büchermachen.